纺织服装高等教育“十二五”部委级规划教材

针织服装品牌企划

沈雷 主编

東華大學出版社

内 容 提 要

本书从高速发展的针织服装产业出发，针对针织服装独具的结构性能工艺特点，从针织品牌的产品、卖场、宣传与服务四大板块方面，阐述合理有效地企划针织服装品牌的基本理论和基本方法。本书立足于全面性与系统性的论述，通过系统式一体化地逐层介绍和分析，并与实例相结合的重点讨论，提供针织服装品牌企划的基本思路。

本书是高等服装院校服装专业的主要教材之一，也可供针织品牌的管理人员、服装设计人员和艺术院校相关专业师生学习和参考。

图书在版编目(CIP)数据

针织服装品牌企划/沈雷主编. --上海：东华大学出版社，2012.10

ISBN 978-7-5669-0152-1

Ⅰ. ①针… Ⅱ. ①沈… Ⅲ. ①针织物—服装企业—品牌战略 Ⅳ. ①F407.86

中国版本图书馆 CIP 数据核字(2012)第 241567 号

责任编辑 马文娟
封面设计 李 博

针织服装品牌企划
沈 雷 主编

东华大学出版社出版
(上海市延安西路 1882 号 邮政编码：200051)
新华书店上海发行所发行 昆山亭林印刷有限责任公司印刷
开本：787×1092 1/16 印张：12.25 字数：324 千字
2012 年 11 月第 1 版 2012 年 11 月第 1 次印刷
ISBN 978-7-5669-0152-1/TS·352
定价：36.00 元

目　　录

绪　论

品牌，在《牛津大辞典》里被解释为“用来证明所有权，作为质量的标志或其他用途”，即用以区别和证明品质。电影《欲望都市》里有句台词说，“当拥有LV包的那一天，就是我出人头地的那一天”。换言之，即使天天挤公交，只要怀抱LV手包的女生内心也会因为想起这是乌婕妮皇后所钟爱的品牌而愉悦不已。此时印有“LV”标志的路易·威登产品给人们所带来的附加值已超越了奢侈品本身，而更多的是满足了人们的欲望，让人们拥有了自我认同感，得到了情感的体验。对于其历代顾客而言，路易·威登早已超越了个人身份的象征，成为了非凡的质量保证。路易·威登品牌效应对市场的巨大冲击力也开始让我们醒悟和反思。

从20世纪50年代的中山装、列宁服到60年代的绿军装、海魂衫再到被蓝灰绿三色笼罩的70年代，直至80年代人手一条健美裤，舶来品称霸的时代正悄然过去，中国的时尚开始兴起，并逐渐走红。

随着中国经济的强劲增长以及国人消费水平和品牌意识的同步提高，中国本土服装品牌自上世纪80年代起便走上一条漫长的征程。尽管目前进口品牌的势力依然不容小觑，但伴随国内服装业的三次变革，本土品牌已具备了一定的竞争实力，并形成了各自的忠诚客户群。例如，雅戈尔、杉杉、鄂尔多斯、美邦、真维斯和李宁等一批品牌不仅赢得了消费者的认可，同时也成功登陆了资本市场。

由此，我们可以感知中国服装品牌正在以一种独特的方式走向全球的时尚和资本舞台。

随着市场经济的推进和全球经济一体化进程的加速，20世纪90年代后的中国市场在经过质量、价格等的多轮竞争后，已经全面进入了品牌竞争的阶段。在市场演化进程中，品牌早已跳出了品质证明和区别的简单含义。现代品牌还蕴含着企业的文化、个性特征、企业性格、群体划分、企业实力等因素，成为企业独占鳌头的杀手锏。

从近年中国的GDP值来看，虽然服装与纺织行业外汇收入的贡献率分别超过9%和25%，且出口额占到全球纺织服装总量的近30%，但不争的事实是中国的服装出口方式仍以代工和贴牌为主，自主品牌只占到10%；且中低档产品占据了出口商品的绝大部分。由此，中国只能算以量取胜的纺织服装大国，由于其远未达到以设计和品牌实力说话的地步，未能称得上是纺织服装强国。中国的服装企业模式习惯于追逐市场和潮流的脚步，与欧美国家设计先行、由创新设计推动品牌的商业化运作不同，最终导致了中国的服装设计和服装品牌在国际舞台上长久的话语权缺失。因此，加强本土服装设计创新能力，合理有效地企划服装品牌迫在眉睫。

品牌企划之所以重要，决定性的因素在于品牌能为企业的经济利益最大化维持其产品成本与销售价格之间的均衡。而之所以品牌能形成这样的能力，是因为品牌是企业向消费者推销自己，与其有效沟通的优良手段。消费者通过品牌认识企业，信赖企业产品，从而了解企业，成为其忠实客户，一方面其购买的服装产品质量有所保证，而另一方面也从品牌产品中找到了自我归属感。而相对于企业来讲，品牌的功效更加明显，不仅能够宣传企业形象，为企业存储商业信誉，通过注册专利和商标，品牌还能受到法律保护，防止他人损害品牌名誉或非法盗用。同时，还能为其产品提供附加价值，赋予企业和产品特殊的个性与文化含义。通过名牌积累，企业资源日益丰富，线路逐渐拓宽，企业可以衍生出新的产品与服务，进一步开拓市场，占有市场，从而形成新的品牌效应。再者，从企业内部来讲，品牌的树立，有助于企业文化的建立与发展，增强企业的凝聚力。企业良好的品牌形象可以鼓舞员工士气，使其产生自豪感与荣誉感，从而刺激员工努力劳作，为企业创造更多效益。

随着人们生活水平与文化品位的日益提高，对于着装的需求，也由过去的结实耐穿，保暖抗寒过渡到崇尚自由，追求舒适合体，强调随意自然而又美丽大方，同时个性与潮流相结合的服装更易受到青睐。而质地柔软，吸湿透气性能好，且具有优良的弹性与伸缩性能的针织服装恰逢其时地迎合了人们的需求。它不仅能让穿着者感到舒适，无束缚，也能充分展现人体曲线，符合现代人们的审美需求。加上其独特的织物风格形成的服装肌理，使针织服装在时尚服饰中的地位日益上升。

我国针织服装行业近几年来虽然得到了迅猛的发展，从产品数量上来说算得上生产和出口大国，从质量上讲，部分出口型企业生产加工水平可与先进国家看齐，一些国际大牌多年来也选择在江苏、广东等地加工生产，例如，圣洛朗、鳄鱼、圣大保罗等。但行业整体水平还不够高，尤其体现在行业的营销和品牌运作企划方面，其中一个原因便是缺乏领导品牌。

因此，对于本土服装企业来说，合理有效地企划针织服装品牌日益迫切。这不仅关系到针织服装在设计风格上的实时更新，更加关系到针织服装在销售流通领域的综合实力的提升，建立稳定的消费市场，获得企业与消费者之间的双赢，从而提升中国本土针织服装品牌的整体实力。

本书针对上述考虑，试图从产品、卖场、宣传与服务四大板块，进行针织服装品牌企划探讨。通过系统式一体化地逐层介绍和分析，并与实例相结合的重点讨论，希望可以提供一套针织服装品牌企划的参考方法。

如何建立一个针织服装品牌，如何做好针织服装品牌企划，将是本书想要和大家一起探讨的共同话题。

第一节 针织服装概述

一、针织服装概念

针织服装是指以线圈为最小组成单元的服装。针织服装一般来说是相对于梭织服装或机织服装而言的，而梭织服装的最小组成单元则是经纱和纬纱。

针织物与机织物的基本区别在于纱线的几何组织结构不同。机织物的组织结构是由两组互相垂直的纱线相互交织而成。而针织物则是由纱线弯曲成线圈串套编织而成，是典型的针织物线圈结构。

针织服装比梭织服装起步晚，历史短，但由于针织面料具有许多梭织面料所不具备的独特优点，近年来，全球针织服装的品种、质量、数量得到了迅速发展。针织面料质地柔软，吸湿透气性强，具有较好的弹性，轻薄面料悬垂性好、飘逸感强，穿着舒适，贴身合体，无拘紧感，并能充分体现人体曲线。现在针织服装已由传统内衣向装饰内衣、补整内衣、保健内衣发展，内衣外穿，外衣时装化、个性化、高档化已成为针织服装的新主题。

二、针织服装的分类

针织服装在广义上来说，可以分为：外衣、内衣、中衣和服饰配套用品。

① 按照原料使用的不同，可以分为：棉针织服装、毛针织服装、丝针织服装、麻针织服装、锦纶针织服装、涤纶针织服装等；

② 按照纺纱工艺的不同，可以分为：精纺类、粗纺类、花式线类；

③ 按照款式可以分为：开衫、套衫、裤子、裙子、套装、饰品等；

④ 按照装饰手段可以分为：绣花、扎花、贴花、植绒、簇绒、印花、扎染、手绘等。

常见的针织服装类型有：

① 针织毛衣：各类羊毛衫、羊绒衫、驼绒衫等

② 针织运动服：竞技类专业运动服及休闲类运动服

③ 针织时装：各类针织面料做的时装外套

④ 针织内衣：各类内衣，包括棉毛衫裤

⑤ 针织 T 恤：各类 T 恤

⑥ 针织配件：各种类型的袜品、围巾、帽子、手套等

三、针织服装的优势

① 针织面料相对于梭织面料而言，工艺流程短，生产成本低。这一点不但在计算成本利润的时候体现的比较突出，而且符合服装产品多品种、小批量的生产要求。尤其是现在针织服装加工工艺的不断改进，使得一些工艺流程更为简化，有些服装甚至加工时间不过几分钟。

② 在服装加工中，可以最大限度地减少接缝、收缩和拼接，节约成本。这一点是需要重新认识的，随着针织面料的精细化发展，许多的款式需要在接缝以及接缝、拼接的地方做造型设计，这些都是需要考虑的。当然我们也要更加充分地认识针织面料的伸缩性，在加工的整个过程中考虑到伸缩性以及热弹性恢复，尽量在成品后不要造成产品变形，保证产品质量。这一点也逐渐成为针织产品质量的一个标志性问题。

③ 一些纤维在改良后其服用牢度大大提高，使得针织服装外衣化成为可能。为了更好地开拓国内外市场，针织服装已向纤维原料多样化，质地高档化方向发展，针织面料的风格也日趋细腻优雅。这一点尤为重要，它是使针织产品丰富化得以实现的根本，同时也极大地丰富了设计师的视野，使一些个性的成衣产品得到实现，为许多品牌产品建立了风格独特的市场形象。

第二节 针织服装的品牌企划

“品牌”一词据说起源于19世纪盛威士忌酒的木桶上的区别性标志。数百年来，品牌随着商品的流通传遍了世界的每一个角落，应验了国际广告界泰斗大卫·奥格威曾说过的一句话：“品牌是生活结构的一部分。”在中国告别了存在几十年的短缺经济后的买方市场，消费者的头脑中已占据了品牌意识。奥美创始人奥格威(1955)的定义是：“品牌是一种错综复杂的象征。它是品牌属性、名称、包装、价格、历史、声誉、广告风格的无形总和。品牌同时也是因消费者对其使用的印象以及自身的经验而有所界定。”美国市场营销协会对品牌的定义是：“品牌是一个名称、名词、标记、符号或设计，或是它们的组合，其目的是识别某个销售者或某群销售者的产品或劳务，并使之同竞争对手的产品和劳务区分开来。”

“品牌本质上就是消费者自我实现的价值观在生活中的一个象征，是消费者在人格上借以实现自我的媒介。”服装品牌是能满足消费者借以自我实现的媒介功能，对于消费者来说，服装品牌就不是纯粹的一般消费品，虽然服装品牌有物质性消费的功能，服装品牌也是以此为基础的，但是，服装品牌的本质和核心价值不是物质性的消费功能，而最能直接反映服装品牌性质的是服装品牌形象。“品牌是建立在生活方式的基础上的，有关它的一切，包括核心价值、文化品质、外在形象以及相应的战略规划、定位、营销、传播和管理等，都要以消费者的生活方式为源泉。”服装品牌形象的塑造正是建立在消费者接受的生活方式基础之上，不断完善的。服装品牌形象通过服装品牌的定位、文化、名称、标志和包装等方面体现出来。

一个成功的服装品牌蕴涵了巨大商业价值的同时又蕴涵了丰富的文化内涵。它的完美塑造，会使服装的附加值显著提高，并直接给企业带来高额盈利。

我国的服装品牌已逾10万，但没有一个能够享誉全球。这种以中低档次见长，以低成本、多数量取胜的模式已成为制约我国服装业发展的瓶颈。我国虽然是世界第一纺织服装出口大国，但赚取的只是制造加工环节的微薄利润，而在产品销售中被外国企业赚走的占大头的销售利润，就是品牌的价值。

我国的服装行业之所以至今还没有在国际上叫得响的民族品牌，更主要的原因是：①企业普遍缺少品牌意识，重产品、轻品牌；重眼前利益、轻长远利益；②保护不力，国家缺乏有力的品牌法律保护体系和严格的保障实施措施。

由于全球化的深入，金融危机更加肆虐地席卷了全球的经济，我国作为外贸出口大国，受其危害之深是有目共睹的，面对以上如此严峻的形势，打造我国民族服装品牌已经刻不容缓。

一、什么是品牌企划

品牌服装：具有一定市场认知度、形象较为完整，并有一定商业信誉的服装产品系统。也可以说以品牌理念经营的服装产品。

所谓品牌企划(Brand presentation)：是指品牌发展性企业在进行生产、销售的过程中，在企业服务文化的背景下，充分了解市场，对产品的设计、生产、销售、宣传、服务等要素进行合理分析，追求企业商业行为利润最大化的活动。通常是在产销环节之前做好的目标性分析活动。包含：

① 品牌文化企划(Brand culture presentation)，其中涉及品牌理念和文化的塑造，品牌原有文化的诊断、整理、提炼与创新，品牌文化战略定位，品牌理念和文化的可持续发展战略，品牌文化运行机制的设立，品牌文化手册的制作，品牌文化的内外部推广等日常工作。

② 品牌形象企划(Brand image presentation)，其中涉及服装品牌的视觉识别系统的建立、企业形象设计及品牌推介、服装品牌的连锁店铺识别系统建立、店铺的管理企划等工作。

③ 品牌产品企划(Brand product presentation)，其中包括产品的定位确立或调整、设计管理、设计调整、产品开发模式的建立以及应季产品开发、辅助产品开发、优化展示陈列等工作。

④ 品牌服务企划(Brand service presentation)，其中包括该品牌服务客户的调查、根据产品特点进行的售前售后服务体系的建立、对于加盟商(经销商)的阶段性管理与服务、建立终端信息反馈系统等工作。

服装本身就是文化的一种载体，商品本身所蕴涵的文化和商业内涵是极其丰富的。对于现代销售体系下的服饰类产品则着重的将美和服务作为自身的基调。服务人，美化人，成

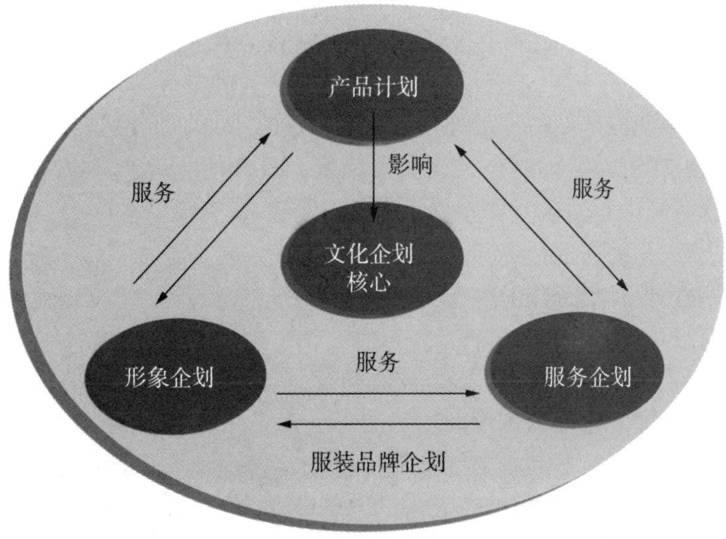

图绪-2-1　品牌企划设计要素及简明关系图

为众多服装品牌文化的基调，也成为服装品牌企划要点的关键之处。而作为针织服装来说，编者打算从产品企划、设计企划、终端形象企划、服务企划等四个部分讲述现代服装品牌企划。（图绪-2-1）

二、服装品牌企划学的特征

任何产品都有其独特之处。服装作为商品进行出售，从企业角度来说，是实现企业经济效益的物质载体。对于购买产品的消费者来说，服装是满足生理需要，体现个体生活方式、价值观，体现流行元素、实现自我的一种情感化商品。服装品牌企划要解决的问题就是要在规范产品设计、生产、销售、服务等项目的同时影响消费者的购买习惯，突出企业商品的特色，引导消费者进行消费，充分发挥品牌的复合价值，是商品经济发展到高级阶段的必然产物。

从知识涵盖角度分析，服装品牌企划是一门综合性的学问，其中以服装为载体，涉及服装文化学、服装设计学、服装材料学、服装成衣工艺、服装生产管理、服装市场营销学、服装心理学、服装展示设计、服装信息化管理、零售学、组织管理等方面的知识。因此，科学性是服装品牌企划学的一个重要特征。

在这些基础上，系统性地进行产品文化定位－产品市场定位－产品设计定位－产品生产管理－产品销售服务－产品展示陈列等指导性工作，是产品大规模进入市场前，企业进行的科学性虚拟经营工作，其中关键的一点就是要始终把握消费者—市场—终端这一条导向主线。动态管理是服装品牌企划学的一个根本基调。

服装行业在众多的产业中具有独特的特点：要求创造性的产品、高敏感度的业务管理。企业单纯依靠优秀的设计或者强有力的销售队伍都是行不通的。优秀的设计人员可以设计出极具美感的产品，但是很可能缺少市场可行性；销售人员可以熟谙终端消费者的真实需求，但是可能对于产品落伍却束手无策。有效地进行产品的设计和终端企划管理，使得企业整体运行中的每一个职能部门都充分地发挥优势，使得产品的产－营－销顺畅无阻，不但可以长期战略性占领市场份额，同时也为消费者提供创造性的时尚产品以及传播健康的生活理念。由此可见，系统性是服装品牌企划学的又一个重要特征。

三、针织服装品牌企划的内容

商业企划是为了实现统筹经营目标而进行的创造性的思维活动，具有科学性、系统性、动态调整性等显著特征。它需要用审时度势的眼光去关注市场、关注消费者，仅仅依靠经验或者直觉是很难成功地进行服装品牌企划的。其中诸多要素要以产品自身的特点为依据，通过对目标市场的研究，设定准确的产品设计方案（质的部分），再进行商品的品类、批量、品种、销售区域、上市时间、价格动态调整等问题的调研。充分融合企业的设计、生产以及销售队伍，缩短设计、生产和市场的融合周期，提高企划的实用性、及时性和科学准确性是企划方案的核心标准。

交互式的信息交流是最终企划方案出台的关键。在这个系统性的决策过程中，比较重要的环节有三个部分：第一，企业对目标市场的锁定。在这个环节中，除了经营者要采纳多方的意见以及参考真实有效的数据外，还需要对未来的市场具有前瞻性的思考。第二，产品确定环节。在这个环节中，关键是设计的市场适应性和组合性思考以及产品质量的严格控制。第三，产品的终端销售环节。（终端，从狭义上是指零售卖场，从广义上还包括经销商和特许加盟商等分销渠道）在这个环节中，新颖的销售形象以及快速有效的销售周期是我们需要认真考虑的事情。

目标市场的锁定涉及：销量汇总、销售区域内目标消费群体特征分析、目标消费者的稳定性等；产品的最终出厂涉及：产品的研发设计、产品的加工生产、产品的市场信息反馈等；终端销量的完成涉及：终端渠道的铺设、终端卖场的风格化设计、终端服务的不断完善等。

服装在整个纺织产业中属于终端环节产品，是消费者人数最广的产品。企业建立品牌也跟企业内置有关系，比如，男衬衫或男西装的生产企业涉及设计、生产、销售三个环节；而生产女时装的企业大多关注设计和销售的环节，而作为承担订单加工的服装企业则着重关注生产环节。近年来，中国的服装产业高速发展主要是基于国内劳动力成本低廉的优势，在全球服装商品链中主要承担加工工作，但是随着国内整体经济势力的提高，国内的劳动力单品成本已经远不如东南亚的劳动力市场，许多企业在这种压力下开始了品牌服装之路，一些生产加工型企业纷纷转轨走品牌发展道路；也有一些企业看到了国外成熟企业产品的高附加值，也在积极地进行品牌产品的培育，无论是出于哪一种因素，国内服装行业正在进行着提升产品附加值的变革。品牌产品无疑是这个变革中最显著的变化，消费者可以购买到个性化、高服务水平、高质量的优秀产品，可以根据需求不同快捷地购买产品而不需要仔细地挑选，这都是消费者期待和需要的。

四、针织服装品牌企划的环节

（一）品牌的命名、评估判断

品牌的命名是建立品牌的第一步。具有冲击力的命名对新品牌知名度的确立往往事半功倍，但名牌的形成是各方面因素长期积累的结果。而对大多数相关商品品牌经营状况的把握、评估、诊断是一项前提工作。

（二）品牌文化的制定

一个品牌应该形成企业内部以及企业外部文化。在企业内部可以使得生产效率最大化，使得各个职能部门可以配合得更加密切；在企业外部可以形成良好的企业口碑，在行业内部形成良好印象，在消费者心中建立优秀品牌的综合印象，使得销售顺畅，利润呈最大化发展。

（三）目标消费群的设定以及市场调查

品牌要做到专一化服务，而不能定位于所有消费层面。特定的细分市场必然具备特殊的消费群体，对于他们的生活习惯、消费支出结构、家庭状况、文化程度等信息都要进行基础性的调查工作。这也是验证企业生产能力与目标消费群体的商品期待是否合拍的关键工作。

（四）目标市场的设定

在新的品牌确定市场销售方案以前，必须设定目标市场。这里的市场除了对消费者的了解外，更重要的是分阶段对销售区域的设定。对于特定区域同类产品的销售情况的把握是必要的工作，也是一个新的品牌进入市场的关键一步。要充分了解经销商、竞争对手、物流、工商管理等多方面的销售环境因素。

（五）环境分析与流行预测

在此阶段中，以准确分析品牌面临的各种环境态势为基础，工作的重点是提前对流行时尚潮流趋势进行预测，并进行科学的市场论证。为此，应该充分融合文化发展动态，分析消费的时尚需求、喜好变化及销售的动态变化，收集必要的海外流行趋势信息和服装发布会信息。

（六）品牌理念风格设定

在选定了目标市场以及进行流行预测以后，品牌产品风格的确定就是关键的工作。其中要设立一个中长期的品牌设计风格。在这种大风格理念的前提下，根据国际流行以及季节、地域因素或商业活动的需要，进行主题类产品设计。因此，在日常的设计工作中，充分联系市场，科学地进行动态化管理是十分必要的。

（七）服装的总体设计

品牌企划中最为关键的阶段，是将理念化的东西物化的过程，是对于产品进行款式、色彩、材料等方面的总体取向和特征进行选择，并进行样衣的加工。

（八）服装品类组合构成

这一项工作是为了系列化产品销售，提高产品销售利润，控制市场份额的一种有效手段。品牌企划商品品类组合，即在一定的时间期限内，充分考虑人体着装搭配，设计生产风格统一的配套商品。这一过程主要是产品加工所需原材料的选定以及工艺的确定等直接与生产加工密切联系的准备工作。这对企划的实效性要求更加严格。

（九）服装销售策略的制定

这一阶段主要是对企业的文化以及商品形象、销售渠道、促销策略进行规划和调整，甚至是对零售店的陈列与展示都需要进行规划。

（十）服装服务项目的确立

在充分了解了产品的各个环节以后，在企业文化的背景下建立服务项目企划。其中主要涉及：对于经销商的服务项目企划（针对产品销售渠道畅通）；对于消费者的服务项目企划；注重产品形象的区域化、社会化推广，将服务在企业内部以及企业外部贯彻始终。

五、针织服装品牌企划的现实意义

国内的针织企业大多为中小型企业，多数为加工型生产，缺少设计能力和品牌操作能力。在这种市场情况下，采用科学理性的经营方式，建立品牌经营机制对于国内服装企业，特别是广大中小企业无疑是一个历史机遇。

针织服装强调设计感和个性化的发展已然成为必然趋势，这样的服装可以更好地满足消费者群体对于自由、个性、舒适的心理需求；许多的针织新品可以和传统的梭织服装进行搭配，满足消费者的随意心理；还有一些内衣类等功能性产品的开发以及针织服装外衣化的发展，都给针织服装市场进行细分带来了充分的可能性，这也使得细致的企划工作更具有现实意义和时代意义。

综上所述，企业要根据自己企业的特点(包括宏观的和微观的特点)，分阶段地进行商品企划，这样企业才可以更加健康地适应现代的消费市场，在市场中实现企业的快速反映，产品销路畅通的完美表演。

当然，没有一份企划是能够一成不变地适应每一个市场，就是对于同一市场，同一批产品，随着时间等外部因素的变化也会出现动态性的变化。这样就要求我们能够正确地对待品牌企划，充分认识到其价值的所在。不要教条地行事，一切企业行为都要以市场为准。这就需要企业拥有自己的企划队伍，可以不断地做出调整以实现企划的真正价值。

对于针织服装企业来说，其具体的品牌企划应该重点关注产品的企划、设计的企划、终端销售的企划、服务的企划等四个部分，并在企业日常工作中始终秉承企业文化。

第三节　针织服装品牌的形象塑造

品牌形象是指体现品牌总体面貌的完整架构，其包括产品形象、宣传形象、卖场形象和服务形象四个部分。它们分别是品牌形象的基础部分、推广发展因素、市场竞争因素和稳定发展因素。

服装品牌形象是指体现服装品牌总体面貌的完整架构，包括产品形象、宣传形象、卖场形象和服务形象。具体的服装品牌形象体系框架如图绪-3-1所示。

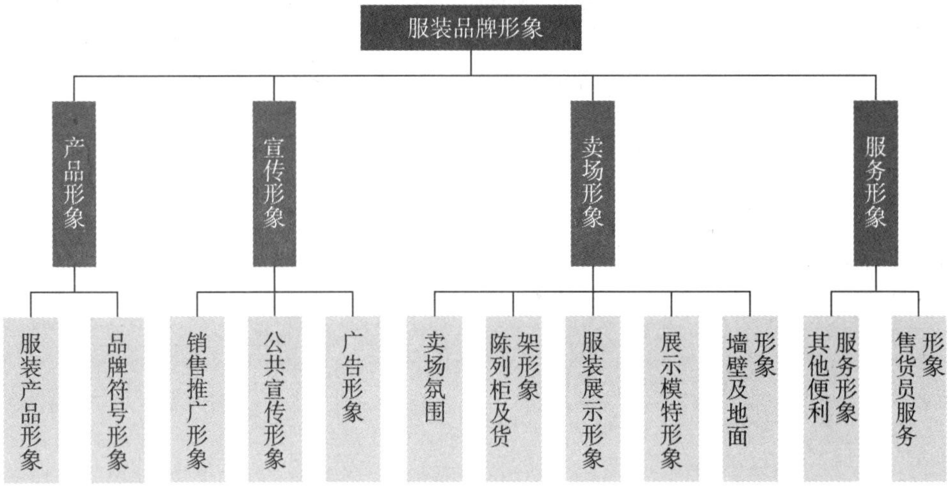

图绪-3-1　服装品牌形象体系

一、针织服装品牌概述

随着中国时装产业的不断升级发展，针织类产品已经成为整个产业链中重要的一环，也是每个服装品牌产品结构中不可或缺的一部分。服装产品类型企业之一的针织品企业面临同一困境，即突破原有单一的生产模式，创立集创意、设计、生产、营销为一体的综合性针织服装品牌。从某种角度来说，针织服装品牌比一个普通的服装品牌更容易形成自己的核心产品，更具品牌的特色。现代针织品牌的经营与操作是一个科学、复杂、细致的系统工程，在其品牌的经营推广过程中，科学有效的组织性、战略性、策略性及可操作性至关重要，俗话说“予则立，无予则废”。制定切实可行的长远持续的品牌推广规划和推广方案是保证针织品牌市场操作成功的首要前提。

二、塑造全新的品牌形象

品牌形象中的产品形象是整个品牌的基础和支撑部分，宣传形象是实效性地推广发展因素；卖场形象是文化性的市场竞争因素；服务形象则是持续性的稳定发展因素。

（一）产品

产品是企业经营的核心，也是企业赖以生存和发展的基础。当今针织服装市场，生产设备、技术手段以及设计手法的发展日新月异，市场竞争异常激烈，服装产品更新换代迅速，一个企业的兴衰存亡，关键在于其产品是否适销，是否能够很好地满足消费者需要。市场竞争归根结底还是产品的竞争，产品是企业竞争取胜的基础，也是企业进行产品策划的认识起点。

1. 产品企划的作用

产品企划是把消费者潜在的需求与欲望等抽象的要素用具体的商品表现出来。企业的市场活动，确切地说是把消费者的需求通过产品企划转换成企业销售额的活动。所以，在市场活动中，商品企划具有非常重要的作用。但并不是仅仅对消费者需求彻底了解了，商品生产出来了，市场活动力就强了。还要根据产品确定销售渠道和各种营销方式，从而把商品销售给消费者，让产品转化为企业销售额。所以产品企划与销售绝不是互不相干的两个问题，产品企划中也包含了如何进行产品销售的促销企划。

2. 产品企划的行动原则

产品策划是一项整体工程的策划，这个工程庞大而复杂，要顺利实施这一工程，必须遵守以下行动原则：

(1) 制定明确的目标

目标是前进的指示灯，只有制定了明确的目标，才能根据目标决定产品策划的方向，安排每一步的具体工作，制定具体策划方案，并对其可行性进行研究和评估，以求达到“先胜后战”的效果。

(2) 市场环境和形势分析

市场环境和形势分析是进行产品策划的客观依据。环境分析和形势分析必须建立在深入的市场调研和准确、充分的市场信息基础上，目的是寻找经营机会和避免风险，为策划的内容寻找依据。这种分析应当主要考虑如下几个因素：国家的方针政策、市场竞争态势、用户需要、企业自身的生产条件、原材料及能源等情况，企业的销售渠道等。

(3) 拟定策划方案

拟定策划方案就是制定出具体的行动计划，该方案必须以行动的时间、空间、人力、步骤、经费等为要素，规定哪些行为能导致目标的实现，防范一些背离和干扰实现目标的行动，从而克服混乱的浪费，保证方案得以实施。此外，拟定方案还要把握住“创新”这一关键，因循守旧、循规蹈矩是策划之大忌。

(4) 实施与控制

产品策划方案确定以后随即进入实施阶段。在实施策划方案的过程中,策划人员应注意对实施情况进行有效的控制,并及时做好信息反馈工作,以确保方案的顺利完成。

3. 产品企划的基本步骤

企业的成功必须是从消费者开始,到消费者完成。以这样的市场活动原则为基础,进行产品企划,基本步骤如图绪-3-2所示。

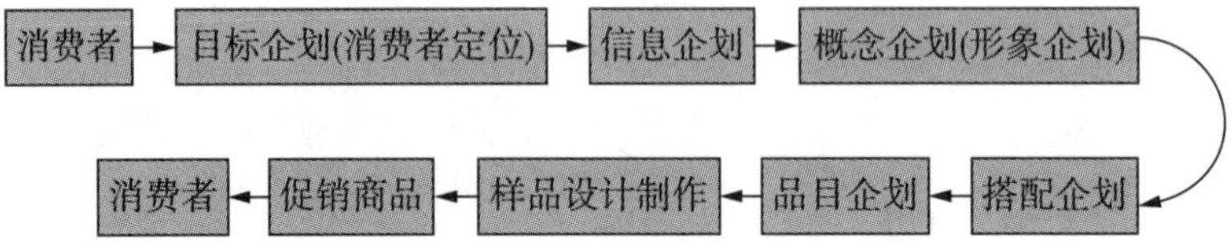

图绪-3-2 产品企划基本步骤

下面是对这七个步骤的基本含义的简单说明:

(1) 目标企划

这里说的目标是指在产品企划的开始,就要确定产品面对的是哪些消费者群体,以哪些消费者为目标进行产品的开发,也称产品定位,这项工作就被称为目标确定企划。

消费者是多种多样的,要从不确定的消费群体中,明确企业或产品的服务对象,并根据明确的服务对象也就是消费者定位进行相对应的价格定位、市场定位、产品型号定位、销售渠道定位及TPO定位等。

(2) 信息企划(情报企划)

确定了消费者目标,第二步工作就是根据国内外流行趋势,针对定位目标的市场信息进行深入研究,商品企划进程中,对消费者目标在下一个季节,想要穿哪样的服装进行预测是很有必要的,企业要预测出下一个季节畅销的产品,就要进行信息收集和市场调研,这种对流行及消费者需求的预测过程即为信息企划。

(3) 概念企划(主题确定或形象企划)

"概念"是指产品的风格形象或者主题风格,概念企划就是把信息分析作为基础,针对所设定的消费者目标,把下一季节的商品用"主题"的形式形象化、具体化地表现出来。在选定具体的素材、色彩、款式的前一阶段,集中进入形象概念企划,使下一步设计各要素的选择有了可靠的依据。

在企划过程中,如果只用文字来表述某种风格形象,不易让人理解,因此,必须选择一些粘贴的图片,这样会对所策划的形象一目了然。实际上消费者在选择商品时,并不是看那些啰嗦的文字说明,而是看到商品后产生好与不好的感觉。所以,在产品企划立案的时候,大多是采取图片剪贴的方法来完成。

(4) 搭配企划

概念企划完成后,即将开发产品的主题风格已基本明确,下一步就依此为基础进入具体的服装面料、色彩、款式选定阶段。

服装产品是由面料、色彩、款式三要素组成的，为了生产与主题风格相一致的产品，就必须选用最能表达效果的面料、色彩及款式等。在这里，最重要的就是在进行选择时，不能只针对衬衫、外套等单件服装分别选择，而应按照一个完整的着装，把上下衣、内外衣联系在一起综合考虑，这种考虑和企划的过程就称之为搭配企划。

(5) 品目企划

在搭配企划阶段，集中对基本的素材、色彩、款式进行选定，针对搭配企划中所确定的产品进行款式设计，决定面料、配色、型号、价格等一系列工作称之为品目企划。

在这个过程中要根据各服种的销售额预算，确定号型及数量，并研究每一号型的配色、面料、尺寸、价格等并进行合理确定。这个阶段的具体表现形式一般是绘制时装效果图。

(6) 样品设计制作阶段

产品企划书始终是纸上的方案，设计及平面设计图、策划的目的等都最终要将其转化为产品。因此，在样品的设计阶段必须要完成从平面到立体造型的实验过程，检验设计方案的真实造型效果。

实际上，在产品试制阶段，首次做出的样品与设计预想的效果不可能完全一样。所以，企划与样板制作及样品制作者有必要在投入工作前进行思想交流和沟通。

样品制作负责人要仔细分析、明确商品企业的对象、目标、概念主题等。样板师、工艺师也有必要认真地研究市场学，这样才能做出消费者较满意的样品。

(7) 促销企划

样品完成之后，下一步需要仔细思考的就是如何促销。企业要在何时举办展示会？用什么形式搞促销活动？如何获得更多的订单？如何将产品变成商品、变成货款？这些都是促销企划应该做的。同时，对于企业自己的推销员，在展示会或其他促销活动前，必须召开企划说明会，推销员集会是组成促销企划的重要一部分。另外，促销企划还包括对零售商所购入的产品要给予商品陈列指导、商品说明方法的指导，这些工作也是促销企划的工作范围。

(二) 宣传

由于宣传战略决定了树立品牌形象的成败，因此它在品牌建设中具有十分重要的意义。宣传可以表达出消费者将会体验到的品牌承诺。宣传的方向和方式反映了品牌个性，而选用的媒体则影响着细分市场的渗透情况。针对现在的针织服装市场，行之有效的宣传策略主要包括品牌广告活动、品牌新闻传播、品牌公关活动和品牌促销活动。

1. 品牌广告活动

“攻城为艰，攻心为上”，广告活动是现代经营活动中的老牌“攻心”利器，美国策划广告大师艾·里斯将其视为“猛袭人的心智”的传播活动。通过广告活动树立品牌形象是品牌经营者的必用战术，也是实施现代品牌战略最有效的战术。

成功有效的品牌广告活动，应注意以下几点：

① 给品牌活动以准确的定位。信息传播量大、广告泛滥的社会，使人们对广告传播形成一种防卫、抵抗的潜意识，尽管人们的现代生活方式中无不依赖信息，但人们很难完全以广告作为决策的可靠信息。因此，广告内容应切合人们的心理，采取最简洁、最捷径的渠道，

构筑潜在消费者与品牌之间的桥梁。

② 如何进行高水平品牌广告策划设计。有了正确的定位,我们就应考虑以何种方式和利用何种手段来实现策划。创造让人更易接受的沟通内容,就是广告策划和广告设计的任务。高水平的广告策划善于审时度势,创造天时、地利、氛围,把握消费者心理。高水平的设计应改变传统广告的传播方式,好的广告创意更易让人认知和接受。

③ 如何更有力地进行品牌广告操作。在黄金传播时间,将信息传达给消费者,创造广告冰山上的一把火炬,这就要在选择传媒、确定传播发生时间、采用传播通道和制造冲击力等方面下工夫。

2. 品牌新闻传播

如果没有电视、报纸、广播这样具有影响力的大众传媒,仅靠企业自身的传媒传播信息,其传播效果可想而知。新闻传媒跨越时空传播大量的、最新的、远距离的信息。在现代社会,新闻传播极大地影响着人们的生活和工作,无形中引导着人们的思维与行为方式,同样,会诱导消费行为及方式。新闻传播力比广告等其他传媒传播力更强,以新闻传播作为树立品牌的突破口是品牌宣传常用的战术之一。以中央电视台新闻节目的权威性和覆盖面,对实施品牌形象传播,是极为有效的。

3. 品牌公关活动

公关活动是一种直接沟通公众的综合艺术和软体广告,是建立良好公共关系的良方,公关活动对推行品牌形象也十分有用,它沟通品牌经营者与社会、大众的关系,在沟通中塑造良好的企业形象,形成品牌经营和谐的人文环境,是实施品牌形象战略不可缺少的利器。介于在品牌公关活动中,可直接从社会、大众、代销商或消费者那里取得反馈信息,取得建议和批评,对督导品牌形象实施,是极为有利的举措。

进行特定的品牌公关活动,从组织、策划到设计、培训和实施,要有一整套有目标的计划来塑造公关形象。

① 广泛获取社会各大型活动的信息,从中选择适合本企业的有利于树立品牌形象的活动。

② 对于大型企业或经营能力强的实体,还可以根据品牌战略的需要,独立进行有规模的公关活动。

③ 在视觉传达方面,整个公关活动的策划应符合品牌形象统一视觉识别作用。

④ 在公关活动中应体现品牌形象的社会理念,并始终贯彻于公关活动全过程,比如通过公关人员的言行传递这种社会理念。

⑤ 按照公关策划方案,对所有参与公关活动的人员进行培训,在展开公关活动前就应保证公关人员的言行一致。

⑥ 对要参加的大型活动,应及时预定,了解有关情况(如活动空间、活动项目、活动时间、参加人数等),为策划公关活动提供充足信息。

4. 品牌促销活动

由于大众对促销活动的敏感性,促销活动的实施应谨慎。品牌促销活动是树立良好品牌形象的手段之一，它对增强同类品牌的竞争力、扩大潜在消费者、增强代销商信心等都是有益的。

在策划品牌促销活动时，要把握几个原则：

① 整个品牌促销活动具有统一识别的视觉形象；

② 整个品牌促销活动要充分体现品牌经营者与品牌消费者互利的品牌经营理念；

③ 让品牌消费者在参与促销活动后感觉可受惠得利；

④ 品牌促销活动应该是软性促销，而不应采取强行促销，注重眼前利益的强行促销可能会影响整个品牌形象战略的顺利实施；

⑤ 策划品牌促销活动方式时应注意让消费者直接参与，尊重消费者意愿，要让“上帝”成为活动主角，变消费者被动为主动；

⑥ 由于直接面对消费者，所以整个品牌促销活动的组织人员要具有统一的良好的服务形象，以服务行为活化促销活动全过程。

(三) 卖场

1. 卖场——服装的商业空间

服装的商业空间既是无形的、可持续发展的商业前景，又是有形的建筑群实体。作为商品交换的场合，从原始的易物交换，到后来的集市、庙会，从地摊、摊位到铺面，初级的商业活动构成了商店和商店簇拥的商业地段以及商店集成的商业中心。

(1) 百货商店

顾名思义，所谓的“百货商店”是杂货铺的规模化和大型化。“百货商店”这个词语来自于许多不同种类的商品展示的实际情况：每种商品摆放在单独的部门，商品分配给每个部门特定的零售场所。70%～80%商品的价格规定在中档和高中档的价格幅度内。女式服装的销售额通常占销售总额的一半以上。

在百货商店内，企业可以设立自己的专门柜台出售服装，运用企业规模化的展示方式与商场协商，营造自我商品的展卖氛围。还可以在商场内设立“店中店”，以获取相对独立自主的商业空间和展示更多更重要的商品，打造商场内的专卖店。

(2) 购物中心

购物中心有两种形式，即商业步行街和沿公路商业区。沿公路商业区是郊区或小城镇公路两边的连排式商店；步行街是指街道位于平行的商店之间的街区，以鳞次栉比的建筑群和密集的商店为特征，一般车辆不允许入内，只限行人活动。商业步行街所处的地理位置大多是某市的黄金地段，地皮及楼价皆昂贵。在其中又有几家名气较响的大型百货商场或商城，代表此购物中心的最高层次。

(3) 立式商业区

立式商业区是方便城市居民购物，建造在市中心的分门别类的专业商业区，是购物中心的小型化，不同于百货商店的概念，以全心经营某一个类别的商品为目的。立式商业区是向空中发展的专业商店集合体，通常是方形大厦，同拱廊商场的采光方法一样，中央的天井四周围合着多层楼的商店，多部手扶式电梯承载着顾客从一层到另一层，商场内汇聚的家居用品应有尽有，给予顾客更为宽泛的选择，节省了时间，也免除了舟车劳顿。更为重要的是，在寸土寸金的商业繁荣地段，立式商业区耸立于昂贵的地产上，在紧迫的占地面积中获得了较大的商业空间。

(4) 服装专卖店和旗舰店

服装专卖店是经营服装及相关系列商品的连锁店。国际性的时装专卖店遍布于世界，代表城市的名牌服装零售组织。旗舰店则是服装专卖店在某一地区或城市的排头兵，最具品牌的代表性，代表品牌最前卫的尖端时尚潮流，引领时尚流变。由于规模较小，专卖店可以在市中心或繁华的商业区经营。专卖店在店铺设计、售后服务、人员培训诸方面有着一体化的风格，由总部控制分布在各个销售网点的多家零售商店，保证其完整的商业面貌。

2. 品牌卖场的设计侧重点

品牌卖场既具有展示会、橱窗的展示功能，又具有超级商场敞开式货架的功能。品牌的卖场通过材质、色彩、肌理、结构、造型和其他配置形成卖场立体实物形象。在设计时，要注重以下几个侧重点：

① 配置传媒体充分展示品牌产品所有内容，比如在卖场放置印刷材料，供消费者自由获取，配置小型电视做演播说明等。

② 在卖场增设可进行产品测试的装置设施，如在货架上放置两块不同的面料小样，以使消费者对比出新型面料的优点。

③ 考虑组合设计方式来配合系列规格的产品展示，这一设计主要是设定尺寸不同但形象统一的放置产品组成部分，并考虑到它们的自由组合，以此展示系列产品形象。

④ 卖场造型尽可能模拟产品使用状态和产品使用环境及其背景。比如运动装的卖场以体育场或者体育器械作为它的背景。

⑤ 品牌产品卖场结构设计要方便购物者自行取货。

3. 卖场设计实务流程

服装商店的店内空间规划，是企业和设计师赋予商店的视觉个性。随着竞争加剧，设计者应该从商品和顾客的要求出发，大胆地运用想象力，竭力创造更激动人心、更热烈大胆的展示方式，以吸引顾客的注意力，提升商店的形象。

(1) 空间与环境

商业空间既是商品买卖的市场，又是商品展示艺术的场所，不同的空间给人不一样的心理感受，或开阔、自由、轻松，或狭窄、压抑、紧张。现代商业空间崇尚通过设计艺术的创造，营造不同风格的卖场环境，如幽默、震撼、高雅、温馨、简洁等。利用空间对人的心理影响来传达信息，左右消费者的购买行为。空间的利用及区域的划分，不仅影响到商品的展示效果，也直接影响商品的销售。

对服装而言，空间设计应当考虑顾客与商品的距离，既能够远看服装的整体效果，又能够上前细看服装的做工，感触面料质地以及服饰配件的细节。遵循这样的原则，设计者可以利用展示台、展示柜、护栏、指示牌、家具等，分割店内的空间区域，也可以利用木质材料、轻型材料分割封闭空间，用玻璃分割通透空间。室内的吊顶造型、地台或地毯的色块，也有划分空间和引导路径的作用。依商品种类划分的展示区域、方便顾客试穿或小憩的区域、进出的通道等，除功能性的举措之外，必须要有艺术性的创造。

(2) 道具与设施

在由地面、天顶及四周立面构建的商业空间中，道具和设施占据着主导位置，不仅能承托商品及分割空间，更重要的是营造与商品品质一致的氛围，创造独特的购物环境。道具和设施是空间造型设计，展示设计者需要具备良好的立体构成知识及能力。展示设计所涉及的领域非常宽泛，最接近的艺术形式是建筑和雕塑，同属空间造型，因此，世界上许多时装设计大师，纷纷与建筑设计师、雕塑家联袂打造服装店铺。

服装商店的设施有固定物、展示台、撑杆、支柱、橱窗、平台、桌椅等，道具有人体模型、布料、彩旗、海报招贴、装饰物等。道具的设计应该体现灵活性和可动性，易于千变万化、多样组合及重复使用，从而降低成本。

(3) 色彩与色调

色彩的表现是人类要求的一种外在形式。颜色能够唤起人们的哪些共同感情，不同的颜色为什么被不同的人钟爱，是什么在其中起作用，这些是艺术家和设计师关注的，也是商家渴望了解的。服装店铺的色彩运用及色调氛围的制造，当从市场营销学的角度探索其商业属性。透过色彩广泛地、深入地分析消费者的感情和心理因素，从而达到为商店形象增光添彩的作用。

强烈、柔和、明亮、暗淡是人眼受色彩刺激的心理反应，而色调可以形成明快、艳丽、浑浊、晦涩的情感因素，这些心理活动直接影响到顾客对商店的整体印象。现在的服装企业和商家经过多年的发展，已经建立了自己深入人心的视觉形象识别体系，如李宁运动装专卖店的“中国红”使遍及全国的分店一片红。专有的标准色彩是企业形象的一部分，既能突出集团实力，又易于辨别。

(4) 灯光与照明

没有光线便没有色彩。没有了光线，人对形状、体积及空间都无法认知。商店的照明依赖于自然光源和人造光源。自然光源的采集是设计师需要考虑的，这里需要更多探讨的是人造光源，即通过灯具产生光线的照明原理。照明灯具有多种功能，它与光源本身有电路联系，也保护光源，同时它将光源发出的光定向或扩散发射出去。室内照明灯具最重要的问题是控制光线的方式。照明灯具大致可分为下照灯、上照灯、射灯、吸顶灯、吊灯和嵌装灯具。还有许多现代照明灯具用在不同的场合，组合成与众不同的特殊效果。

灯光能够照亮色彩，自身也能发出有色的光芒，不同的灯色营造不同的色调，组合的有色灯光还能产生复色，幻化出绚丽神奇的景色。灯光对不同材料的作用也不尽相同，有的材质反射光，有的材质吸收光，光的照射角度对商品的展示效果影响较大，所以，要将商店作为完整的系统来构思整体照明方案。此外，灯具是否易于更换，是否会灼伤商品，如何散热等问题，都需要统筹考虑。

照明也是向顾客介绍商品的一种方式，灯光的设计就是给顾客视觉和心理的提示。设计师根据环境及商品的具体要求，选择特定的灯具，通过对光线的色彩、明暗及角度的控制，烘托商品的形象，体现商品的精髓，转移顾客的视线并把他们吸引到商店中来。

(5) 图文与音像

商店中的指示牌、广告、信息宣传栏、商品目录册等，以图文的视觉形象传播信息，让顾客得益于详细的图解和指示，轻而易举的达到各区域且很快得找到想要的商品。作为购物指南，其简单快捷的方式，有利于新品或特价品的推销。同时，它又是一种设施或道具，用以装饰商店的环境，要考虑它是否与整体气氛协调一致。

在服装店的展示设计中，音乐及动态的画面能够吸引顾客的注意力，调节顾客的情绪，调动顾客的兴趣，电视中播放商品的动态表演或时装秀的节目，既增加了顾客购物的兴致，又有利于商品的销售。回旋在商店中的背景音乐，能舒缓顾客的疲劳。

(四) 服务

1. 服务的内涵

每个品牌在销售其产品时都应该有这样的认知："我们除了销售有形的服装之外，还卖一些无形的商品"，那就是与产品同样高质量的顾客服务。"服务"的英文单词"Service"的七个字母代表了要做到最好的服务应该坚持的七个标准：S：微笑待客；E：精通业务上的工作；R：对顾客的态度友善；V：将每一个顾客视为特殊和重要的大人物；I：邀请每一个顾客下次再度光临；C：为顾客营造一个温馨的服务环境；E：用眼神表达对顾客的关心。(图绪-3-3)

S	Smile for everyone
E	Excellence in everything you do
R	Reaching out to every customer with hospitality
V	Viewing every customer as special
I	Inviting your customer to return
C	Creating a warm atmosphere
E	Eye contact that shows we care

图绪-3-3 "Service"所代表的含义

好的服务可以使顾客消除后顾之忧而放心购买产品，也可以使顾客在初次购买产品后产生对品牌的信任感和依赖感；进而产生下一次的购买行为。在产品同质化程度越来越高的后工业社会，顾客服务的质量高低成为品牌间较量的新的焦点所在。

2. 服务的构成要素

服务的构成要素包含了主体、客体，以及媒介。主体就是服务的供应者，也就是服装企业；客体就是服务的接受者，就是顾客；而媒介是协助服务供应者，将服务顺利地传递给顾客，或者协助顾客接受服务。(图绪-3-4)

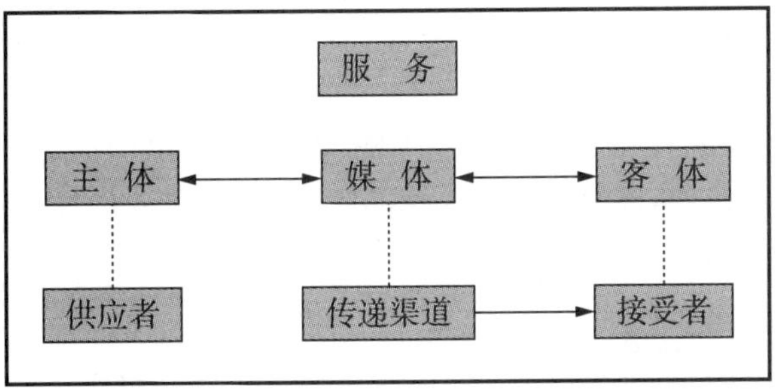

图绪-3-4 服务构成要素

3. 服务形象设计

一般而言，服务内容基本上决定了服务基本方式，犹如产品性质基本决定了产品的基本形态，但服务方式或产品形态可以依赖其基本方式或形态塑造成不同视觉风格的形象。设计好的服务方式，为企业创造良好的形象，并带来利润。

服务方式的设计关键要体现人性化的服务。对于服装市场的销售服务业，像开架店面、商场专柜、连锁专卖点式的销售方式、现场试用式购物等，让消费者能够方便自由地选择购物，减少购物决策困惑、增强购物自信心，这一点至关重要。

服务媒介形象设计是指服务人员与空间设施以外的媒介设计。包括服务人员的服装、鞋帽、服饰、挂牌、配带、服务用的琐碎物品、服务用车辆、包装、容器、服务广告媒介、服务用印刷指引品、说明材料等。

服务媒介形象营造服务形象氛围，划分服务身份，是品牌服务形象识别的重要内容。在生产、营销和传播领域，各类服务媒介通过视觉有效体现品牌内容、性质、形象，刺激人对品牌实力、知名度的感知和记忆。通过服务传媒系统诉求，服务媒介在传播领域的扩散对品牌的市场直接产生拓展作用。

服务媒介的形象设计，不同于产品品牌传媒设计的方面：一是表现服务的人性及品性；二是注重诉求服务的内容性质；三是组织服务姿态传达，展现服务风格和品位。

服务形象中最可塑、最活跃变化的是服务人的形象。服务人的形象包括服务仪容仪表、服务言行举止、服务态度与情绪、服务品质。服务人的良好形象与员工原有的素质有关，也可通过专门的设计与塑造，加以训导达到。

服务设施是服务经营的物质基础，起初并不具备品牌形象的识别作用，这一设施可以为任何一种品牌服务。然而通过外部喷饰处理，则可体现自己品牌有形的服务形象系统。

服务品位是形成品牌服务风格的关键，通过服务风格强化了服务形象的识别。形成一种服务品位需要持续完善一贯的持久性，自然也就形成特别的品牌服务形象。

品牌服务需要在一定建筑空间环境里展开。品牌形象要在这个环境中展示，借助这样一个建筑空间环境，传播协调统一的服务形象，通过建筑设置标记、指引、咨询、告示设施等有形传媒，借助空间环境设计，构筑稳定统一的服务形象空间环境。

21世纪将是以品牌打天下的世纪，市场竞争是产品质量、技术服务和价格等诸要素的竞争，竞争最终要通过品牌竞争来实现。以品牌的经济实力为后盾来分割世界资源、拓展全球市场，将是国际经济运行的一大特点。当今，品牌竞争已由单一的商品质量竞争转向综合经济实力的竞争，而综合实力的竞争，最终是创建强势的、有鲜明品牌形象的、有文化内涵的原创品牌。要想成功，就要懂得并能熟练运用品牌战略，为全面提升品牌形象做出正确的判断和努力。

品牌成长是一个让企业从精力、财力全部投入的过程，很多企业的负责人都说过这样的话："品牌成长就像一个孩子，要给他无微不至的照顾，同时在成长中还要给他指明方向，赋予责任，这个过程布满荆棘却又充满希望，漫长而让人心醉。"然而品牌效应一旦形成，它带给企业的将是不可估量的隐性价值。

第一章

针织服装产品设计企划

在目前中国市场，由于许多的针织品牌都是从加工型企业转型而来，其流通渠道带有原始的大流通色彩，市场分销主要以批发为主。随着市场的日益增大，针织企业品牌意识的日益增强，针织的流通渠道将会出现一些新的形态与特点。其总体的发展将由粗放型向集约型转变，由先期的批发放任向专卖集中控制转型，表面上看是厂商对渠道及终端资源控制权的大力争夺，深层则是利润的重新分配。大商场分销将继续占有重要份额。另外，针织连锁店将承担起一定的销售作用，所有的产品只有经过终端才能实现商品利润的转化，许多针织代理商、批发商发现这一发展态势，利用多年针织经营经验以及手中的资源，注册品牌，组合产品，开店设铺，做起了卖场连锁零售。现阶段来看，这种以中低档产品、超市价格、专卖店服务的针织专卖连锁店将有很大的成长空间，起到良好的销售作用。再次，单品牌专卖形式将迅速成长，随着社会对品牌认知、消费者品牌消费意识的提高，专卖形式将迅速成长。同时，许多高档针织品牌将以单品专卖的形式发展。另外，网上邮购将成为新热点，随着网络普及化，女性上网人数也逐步增多；另一方面，社会信用制度的进一步完善健全，在未来几年，将刺激网上针织的销售。值得一提的是针织搭售方式起步，针织与化妆品同属女性用品，按照主题渠道理论，这两者虽是不同产品，但分销渠道却相同，为此，在化妆品卖场、美容院、养身馆搭售针织产品是有可能的。而且这一形式在国内也早有专家调研，并已小规模出现，但发展前景如何还需进一步实践。批发、零售、杂货铺还将存在一段时间，我国地域经济发展状况不一致，东西、南北区域、沿海与内陆省份消费水平差距很大，尤其是许多农村城镇以及偏远地区的消费水准还是很低，针织消费主要以低档次、低价格为主，但是由于这些区域人口较多，其消费基数大，所以市场潜力是不容忽视的。在现行阶段，能让产品深度到达这些区域的最佳方式还是通过传统的批发渠道。

总体来说，中国的针织销售与世界各国的销售渠道几乎相同，主要通过不同档次的百货商场、专业连锁店、专卖店、经销商、批发商等方式。高档品牌针织品牌主要以大商场及经销商作为主要销售渠道，通过自建或由区域代理发展加盟发展终端，建立全国式区域销售网络；中档品牌针织则以专业连锁店、批发为主；低档品牌针织，则主要以批发为销售渠道。不过，随着今后几年针织消费市场的逐步成熟，再加上人们消费水平提高以及品牌意识的增强，针织销售将沿着专卖店的服务与环境、大型商场的货品结构以及超市的价格为主要特点的针织连锁店方向发展。

随着出口贸易环境趋向复杂以及内销体系的逐渐健全，促使众多针织品牌企业都铆足了劲地瞄准国内市场，寻求发展空间。其中针织服装包括针织毛衫、针织内衣、针织运动服装、针织T恤、针织休闲服装、针织配饰等，下面编者用针织内衣来概述产品方面的重要性。谁都明白，立足内销市场，针织内衣企业靠的是品牌和品质，而在品质上，以目前大多数企业的织造技术都可以做到质量上乘，因此，品牌似乎就成为各家企业争夺市场的杀手锏。如何使品牌深入人心，既有知名度又有美誉度，各企业的招式却不尽相同。其中最主要的是品牌要有自己的特色。下面就以针织会参展中的几个品牌的表现举例说明：

“三枪”在各方面体系完善、发展顺畅，此次“三枪”展厅赫然打出“三枪品牌70年、企业80年”的招牌。在“三枪”文化的隔壁是其在品牌运作上的一大战略项目——“三枪”与迪士尼集团的合作。"三枪"利用迪士尼的流行信息和利润空间,迪士尼则看好三枪的企业实力,双赢合作。据悉,此项目已经进行两年,目前进展顺利,"三枪"公司正在考虑扩大到日本和我国香港地区。其实,"三枪"品牌也在变化中,从去年开始采用了新 LOGO 和陈列方式,旨在改变终端形象。据销售统计显示,更换新形象的门店营销额能增加 20%。

武汉爱帝公司启动建设第二个工业园,现在是时机把积聚的产能释放出来。该公司一直坚持内外贸并举,目前的内需市场结构已经成熟,给优质优价的产品提供了消费空间。去年爱帝还是延续健康、环保的绿色形象,而在此次中针会上,爱帝则完全改变成蓝色调,倡导"贴身护理专家",处处带给参观者一种蓝色海洋的养护体验。据称,爱帝是国内首家产品安全等级达到 A 类最高标准的企业,以天然、健康、温和、养护、品质的五项护理指标织造好内衣、新时尚。多元化的发展方向一定要明确产品定位,可以改变传统,在时装上加进内衣的特点,而不是在内衣上夸张时装化,否则有舍本逐末之嫌。

猫人公司包括猫人、猫人秘密、猫人运动三个品牌,其所呈现的产品正符合一些时尚性感并且前卫的女性所追逐的流行。猫人的发展目标是建立国际化的时尚内衣品牌,营销理念是"销售"性感时尚的生活态度。据其品牌总监介绍,猫人在突出更为感性、时尚的 Miiow 标识的同时,进一步通过核心品牌"猫人的秘密"来体现品牌野性美的理念——贴身的时尚、性感的秘密。针对现代年轻人喜欢运动的感觉,但又区别于专业化、款式单调的运动服,猫人推出"猫人时尚运动"系列产品,体现猫人的趣味性、休闲型的运动时装概念。

目前在专业运动服和休闲服之间尚缺少时尚感强、款式设计新颖的运动系列服装,"猫人"就是以时尚个性化设计填补这一市场空白,满足消费者需求。据了解,"猫人"还将推出"猫人时尚牛仔系列",主要是为了符合 80 后、90 后的新一代对于生活的态度以及对服装服饰的不同理解和不同需求。

在人们的观念中,上海"朵彩"一直是彩棉产品的代表品牌,可在近年的中针会上,朵彩完全改变了面貌,突出了色彩丰富的、休闲舒适的家居感觉,强调"脱掉工作服,舒舒服服"。朵彩的发展源于彩棉,但从市场来看,彩棉概念营销在 2006 年从高潮陡然下滑,公司出于经营考虑开始转变。从产品的内在联系来讲,内衣和家居服较为接近,所以,朵彩首先尝试彩棉家居服产品,并在江西、湖北等分区域做了试验性市场销售。

2008 年有太多的商机可以把握,品牌针织企业的改变已经尽在不言中。"恒源祥"抓住奥运商机,利用 5 个奥运福娃人偶现场散发"恒源祥"宣传单,此次参展的 Fazeya(彩羊)品牌意为时尚而充满爱心的年轻人,也与人文奥运不无联系;浪莎旗下已经衍生出四个品牌,现场的产品模特秀让人体味浪莎不只有袜品,还可以从头到脚给你包装;北极新秀则完全没有了保暖内衣的影子。说到保暖内衣,不得不说那就是参展的保暖内衣品牌数量不如往年,当前的这种"冷清",正是整个行业从喧闹浮躁走向沉稳成熟的一种表现。从展会情况看中国内衣发展趋势,有如下五个方面:

第一,保暖内衣行业创新乏力,营销策略重心由广告炒作向零售终端转移:保暖内衣一直以来都是内衣行业中新闻最多的,所谓的概念战、广告战、口水战(在报纸上互相揭短),热热闹闹的,全都是保暖内衣。以往像"三枪"、"宜而爽"之类的内衣品牌,都是闷着头做市场,花了很长时间，通过终端销售的积累，慢慢把品牌影响力做起来。而如今像保暖内衣这样，依靠大众传媒的宣传作用，凭借某一个概念，瞬间发力，一夜成名，可是经过许多年的发展后，虽然暖卡、生物波、发热纤维等概念炒作多次，但其主要功能都是保暖，保暖内衣行业内已经很难再有那种大放光彩的创新概念。产品出不了新、同质化，于是就有两种结果，其一，就是宣传炒作没了素材；其二，价格战把利空打没了，想炒没钱炒了。在这种情况下，各个保暖内衣品牌，必定是尽量减少开支，不做广告，凭借前些年在市场上挣来的一点名气，通过一再让利，想方设法稳住现有的一些代理商、经销商，在终端市场吃些老本。有少数品牌，经过一再的尝试概念炒作，屡次的失败已经让他们失去了信心，如今其产品仍然会做一些小变化，找一些新说法，延续老路，编造一些概念充作导购说辞，在终端糊弄一算一个。

第二，彩棉内衣从疯狂走向沉稳：一方面，众品牌还将继续保留彩棉内衣这个品项，另一方面，一些专业的彩棉品牌已经不再"专业"，陆续推出染色产品。由此可见，彩棉内衣，作为一个稳定的行业，未来还将长久地在内衣市场中占有一席之地，但在当前，整个彩棉内衣行业却是热度降温、大势已去。中国内衣"家家做彩棉"、零售业态"处处卖彩棉"，整个行业一哄而上的"过热"局面已经成为历史。

第三，内衣品牌"务虚"：往年，内衣品牌之间的差异化，多半集中在产品上，比如面料组织、纤维原材料等。而目前各品牌的差异化多是体现在品牌文化、品牌个性方面。从产品的差异化到品牌的差异化，一"实"一"虚"的变化，可见中国内衣正尝试着走向品牌发展之路。

运动型内衣逐渐被业内人士看好，或许是因为2008年奥运会的影响，抑或是运动休闲文化、消费观念的流行，款式运动休闲、布面光滑细腻、质感轻薄的运动型内衣正在悄然兴起。在展会上可以看出，直接把"运动内衣"拿出来吆喝的，莫过于"浩沙"。此外，"飞马"也展示了好几款运动型内衣。在整个展馆中，各品牌都或多或少地展示了一些运动型面料制作的内衣，其中包括数个文胸品牌亦是如此。而据有些业内的朋友介绍说，"不知"的运动型内衣近年在2～3级市场卖得不差。

运动型内衣的兴起，将有两种可能：其一，它将在市场上自成一统，像彩棉内衣、保暖内衣一样，细分出一个全新的市场；其二，就是为常规内衣终端增加一些销售机会，成为传统内衣中的一大补充。

第四，特许加盟、专卖连锁的渠道模式被高度重视：保暖内衣单季节的短暂疯狂很难满足一支销售团队稳定发展的需要，其变化无常的生存状态也使得人心惶惶，靠做保暖内衣起家的商人，极其希望做上一桩四季稳定的赚钱生意。在这种情况下，做保暖内衣的，纷纷推出家居服、线衫、T恤、文胸之类的产品。与此同时，一些文胸品牌也陆续推出保暖内衣、塑身内衣之类的产品。"没有淡季"成为整个内衣行业的共同愿望。同时，众商家日益难以接受百货商场对其利润的盘剥，加之商场对保暖内衣的重视程度也越来越低，逐渐甩开百货渠道的制约，闯出一条自有专业渠道，也是行业内的必然趋势。

不难看出，各品牌产品品项结构的调整及其所谓的"延伸"，其真正意图亦不过是增强其终端单店的赢利能力。展会中，许多品牌的宣传单页几乎都不约而同地强调了品项结构的丰满、完善及其产品单店的赢利能力。对于前来咨询的经销商，各家的业务员可谓是大小不拒。如果你是行业老手，他就鼓动你做区域总代理；如果你是新手、个体户，他就建议你开店加盟。其中，直接提出以特许加盟、专卖连锁渠道模式的牌子也不在少数。在 2006 年，就有不少厂商、经销商开始在专卖连锁方面做尝试，到 2007 年，这种趋势更为明显。

生产型的企业以成本控制、产品设计开发为强项，缺乏与市场直接对话的经验以及相应的人脉资源与品牌号召力。生产型企业拉拢一个个体户比拉拢一个有实力的省级总代理的难度要低得多。同时，以生产型企业的价格优势，在 2～3 级市场有着较强的生存应变能力。因此，特许加盟、专卖连锁渠道模式还将为一些生产厂家打造自主品牌、挺进终端市场创造了一个大好机会。

第五，其他类别的服装与针织面料的混搭将组合成为新一季针织服装产品的流行趋势。例如，著名牛仔裤品牌"5th STREET JEANS(第五街)"推出的"针织保温牛仔裤"。中山棉业第五街有限公司业务经理曾这样说道："第五街针织保温牛仔裤在面料上采用具有圆组织构造的针织面料，这种面料的延展性与包覆力不仅优良，并且可随着人体线条自然伸展，而其中所加入的 PP 天然材质纤维更是比水还要轻，而且十分环保，在回收后便可自然分解，从而减少环境污染。因此针织牛仔裤自上市以来，便赢得了众多消费者，尤其是年轻人的青睐，销量更是一路飙升。"由此，我们可以反思，在规划销售传统针织服装产品的同时，如何利用新型设计理念，结合时尚潮流，从而发展出新型针织服装产品，拓宽销售市场，也将成为针织服装产品设计规划的一条重要思路。

接下来，在具体介绍针织服装产品规划的时候，本书将从产品风格、品牌理念企划以及产品加工前的企划流程等角度进行分析。

第一节 产品规划与定位

一、产品定义及其相关概念

狭义的产品概念：人们通常把产品理解为具有某种物质形状，能提供某种用途的物质实体。如服装、食品、汽车等。

事实上，顾客购买某种产品，并不只是为了得到该产品的物质实体，而是要通过购买该产品来获得某方面利益的满足。从市场营销的观点来看，产品概念的内涵被大大扩展了。

广义的产品概念：一切能满足消费者某种利益和欲望的物质产品和非物质形态的服务均为产品。简言之，产品＝有形物品＋无形服务。有形物品包括产品实体及其品质、特色、款式、品牌和包装；无形服务包括可以给买主带来附加利益和心理上的满足感及信任感的售中及售后服务、保证、产品形象、销售者声誉等，这就是"产品整体概念"，即现代营销意义上的产品。

产品整体概念：是由三个基本层次组成：

1. 核心产品

这是产品整体概念中最基本和最实质的层次，它指产品给顾客提供的基本效用和利益，是顾客需求的中心内容。顾客之所以愿意支付一定的货币来购买产品，首先就在于产品的基本效用，拥有它能够从中获得某种利益或欲望的满足。

2. 形式产品

这是指核心产品所展示的全部外部特征。即呈现在市场上的产品的具体形态或外在表现形式，主要包括产品的款式、质量、特色、品牌、包装等。具有相同效用的产品，其表现形态可能有较大的差别。因此，企业进行产品设计时，除了要重视用户所追求的核心利益外，也要重视如何以独特形式将这种利益呈现给目标顾客。

3. 延伸产品(附加产品)

指顾客因购买产品所得到的全部附加服务与利益，包括保证、咨询、送货、安装、维修等，这是产品的延伸或附加，它能够给顾客带来更多的利益和更大的满足。随着科学技术的日新月异以及企业生产和管理水平的提高，不同企业提供的同类产品在实质和形式产品层次上越来越接近，因此延伸产品在企业市场营销中的重要性日益突出，逐步成为决定企业竞争能力高低的关键因素。

二、产品规划的框架

在针织服装企业中，产品规划的过程是：通过市场调查研究，收集流行资讯，对所收集的资料进行选择，形成新产品的概念，再进行细化的设计。

针织服装的产品规划需要基于内外环境来做，并且需要考虑各方面的约束和条件。内外环境主要考虑三个方面（图 1－1－1）：外部市场环境，竞争对手情况，企业内部环境。而在内外部环境的约束和条件下进行产品规划的过程可以分成三个主要阶段：

1. 市场细分及选择

在这个阶段，主要通过市场调研和分析，研究如何细分市场以及企业如何选择细分市场；最后确定企业对细分市场的战略选择。具体表现为：首先明确品牌的市场定位，即所选择的目标消费群（年龄、性别、职业、收入、兴趣爱好等），然后有针对性的进行设计、生产、销售。

如果进一步细分市场细分及选择过程，可以很自然地再分成市场细分和细分市场战略选择两个关键活动。

2. 定义新产品概念

针对某个细分市场，收集其需求的主要内容，包括客户需求、竞争需求及企业内部需求，通过市场调查，收集流行资讯，研究竞争对手，总结上一季产品的得失，然后寻找和定义新一季产品概念。

而定义新产品概念过程则包括关键需求分析、竞争分析与定位及定义新产品概念等关键活动。

3. 确定产品规划

从技术层面分析新产品属于哪个产品族及其开发路径，并根据公司的战略/策略确定新

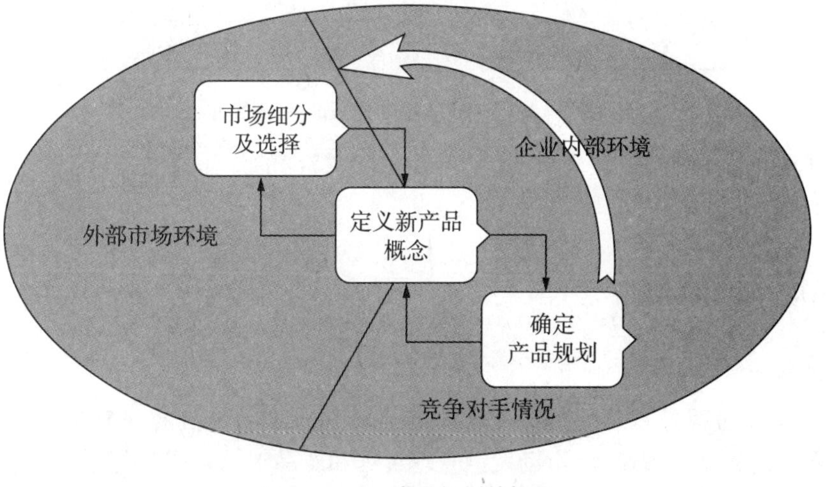

图 1－1－1 产品规划的框架

产品开发的优先顺序，然后依据企业资源状况，制定新产品开发的时间计划，制定出具体的时间安排，然后具体实施。

在确定产品规划这个过程中，应包括技术平台分析、确定新产品组合及新产品时间资源计划。（图 1-1-2）

虽然产品规划过程可以划分为上述三个主要阶段，但这三个阶段是相互影响的。不仅前面的阶段确定了下一个阶段，如细分市场的选择必然确定了需求收集的目标市场；而且后面的阶段也会影响和修正前面阶段的结果，如企业的技术和资源状况可能会影响产品的定位，甚至影响细分市场的选择，细分市场需求的进一步收集和分析可能会修正已经做出的细分市场选择的结果等。所以一方面三个阶段是缺一不可的，每个阶段应该有明确的输出结果；另一方面，这三个阶段是相互影响的，应该注重有机的结合。

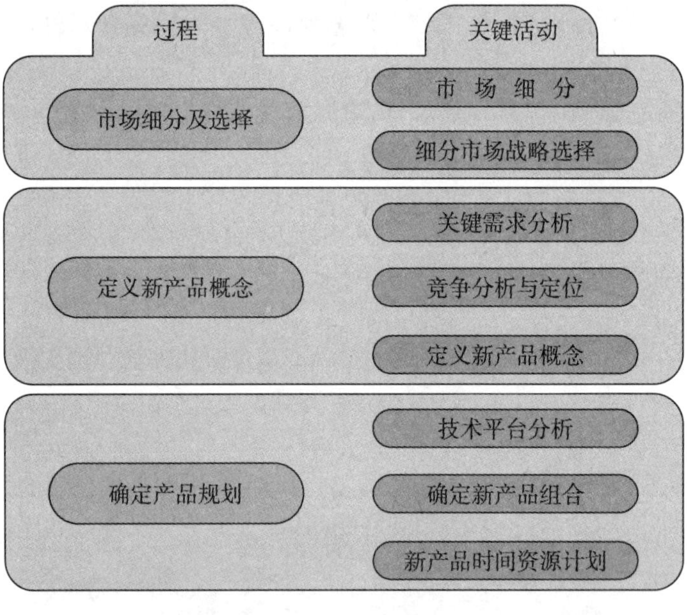

图 1-1-2 产品规划过程的关键活动

产品规划并不是单次的工作，应该是不断循环、持续的工作，随着外部和内部情况的变化而不断的修正。

三、产品规划的原则

产品规划的一些基本原则如下：

① 产品规划过程是一个企业战略管理、市场营销管理中有机的一个部分。一个理想的过程是将企业的战略管理过程、市场营销管理过程和产品规划过程良好地整合在一起，如果做不到这样，则应该保证产品规划过程和企业的战略管理和市场营销管理过程保持一致，即

产品规划过程是从产品规划的角度来重复企业战略管理和市场营销管理过程。

② 产品规划应该以细分市场为基础和目标，产品规划过程应该首先关注市场如何细分，然后以一个个细分市场为基础或目标来展开相关的市场调研、产品定位等工作。

③ 一个新产品的良好规划，应该通过满足客户需求来提升客户价值，并通过建立竞争优势来战胜竞争对手。这是新产品未来成功必不可少的两个基本条件。

④ 产品规划应该考虑技术平台问题，以促进技术平台的有效运用，从而提高开发效率，保证开发质量，降低开发成本及产品整个生命周期的相关成本。

四、市场细分

目标：将企业现有或潜在的市场，以一种合适的方式进行细分，为后续的细分市场选择、关键需求分析、竞争分析与定位等活动，提供基础或确定对象。

市场细分是企业非常重要的工作。市场进行细分一般是通过一个或若干个特征变量把市场划归成若干部分。但有效的市场细分必须体现各个细分市场的客户不同的需求，所以用来细分市场的特征变量必须同时也是能够体现客户需求不同的特征变量，如年龄，当年龄的不同能够体现客户需求的不同时，年龄就是一个可以用来细分市场的有效的变量，而不同年龄的人群需求没有明显差别时，年龄就不能成为有效的特征变量。一种有效的市场细分，可以通过如下的一些特性来检验。

① 可衡量性，即用来划分细分市场的特征变量，应该是能够加以度量的。因为某些特征变量是很难度量的。

② 足量性，即细分市场的规模大到足够获利的程度。对于产品规划来说，一个细分市场应该是一个值得为其设计一个产品规划方案的尽可能大的同质群体。

③ 可接近性，即能有效地到达细分市场并为之服务的程度。

④ 差别性，细分市场在观念上能被区分，并且对不同的营销组合因素和方案有不同的反应。

⑤ 行动可能性，即为吸引和服务细分市场而系统地提出有效计划的可行程度。

客户需求的不同是多方面的，也就决定了市场细分的方式是多种多样的。所以我们有必要先明确细分市场的目的，然后根据这个目的选择合适的市场细分方式。如研究产品时，需要按照客户对产品需求的不同来细分市场，而研究促销方式时，可能会需要根据另一个方式来细分市场，以取得更好的效果。

特征变量的有效性的重要程度也是影响市场细分的一个重要因素，如果忽视主要的特征变量，而使用了次要的特征变量来细分市场，将会使随后的细分市场的研究陷入无效的泥潭。

五、产品定位是如何表达的

如果要形成品牌理念，最基本的要满足以下三个方面的要求：

1. 产品定位的完成

在竞争激烈的市场中，明确企业所要构思和企划的产品与消费者生活之间的关系。

2. 产品形式与内容的统一

产品的形式尽量适应消费者向往的、正在进行的生活方式的每一个细节。

3. 产品性能的分析

对产品的性能加以分析和定位，以发挥对消费者生活的引导性消费作用。因此，我们需要了解品牌定位、市场定位和产品定位的概念。

(一) 品牌定位

品牌定位(Brand positioning)是指企业在市场定位和产品定位的基础上，对特定的品牌在文化取向及个性差异上的商业性决策；产品定位是对市场定位的具体化，以市场定位为基础，受市场定位指导，但比市场定位更深入和细致。一般而言，在完成市场定位和产品定位的基础上，我们才能较顺利地进行品牌定位。品牌定位解决的是在市场差异化和产品差异化的基础上，进一步创造品牌差异化，以增强产品竞争能力的问题，品牌定位以产品定位为基础，但其内容远远不止于产品定位。

品牌定位的基本原则：针织服装品牌定位的基本原则并不是固定不变的，对于企业规模不同的企业要求也不尽相同，下面我们就介绍两个基本原则体系：

基本原则一：理性分析原则，这个原则包括四个部分。

1. 品牌 MI 理念系统部分

这个部分包括：对目标消费者文化特征分析；目标消费者消费心理需求分析；目标消费者文化形象标准描述；对应的品牌文化的基本描述；品牌概念的提出；品牌价值观的提炼；品牌个性确定；品牌口号的提出。

2. 品牌 VI 视觉识别系统部分

这个部分包括：品牌商标的设计；品牌产品包装设计；品牌道具设计；品牌环境设计；品牌公司形象设计；品牌标准视觉形象系统确定。

3. 品牌 BI 行为识别系统部分

这个部分包括：品牌延伸规定；品牌输出规定；品牌传播计划及传播行为规范；品牌禁止行为规定；制定品牌管理办法。

4. 品牌 SI 销售形象系统部分

这个部分包括：品牌销售人员形象设计；品牌销售服务规定；品牌经销商形象要求设计；品牌专卖店店面形象设计；品牌 SI 标准形象系统建立。

基本原则二：经验分析原则，这个原则包括十一个方面。

1. 比附定位

比附定位就是比拟名牌来给自己的产品定位，比附定位主要有两种方法：

① 比附发展，就是明确承认同类中另有最负盛名的品牌，自己只不过是第二而已。这样较容易使消费者记住这个通常难以进入人们心智的序位。如国内的运动品牌“LI-NING、安踏”等依附在“NIKE”之后而获得了近些年长足的发展。

② 奉行“高级俱乐部策略”，公司如果不能取得第一名或攀附第二名，便退而采用此策略，借助群体的声望和模糊数学的手法，打出入会限制严格的俱乐部式的高级团体牌子，强调自己是这一高级群体中的一员，从而提高自己的地位形象。如“全国毛绒优质产品协会成员产品”等。

2. 利益定位

利益定位就是根据产品所能满足的需求或所提供的利益、解决问题的程度来定位。进行定位时，向顾客传达单一的利益还是多重利益并没有绝对的定论。但由于消费者能记住的信息是有限的，往往只对某一强烈诉求容易产生较深的印象，因此，向消费者承诺一个利益点的单一诉求更能突出品牌的个性，获得成功的定位。如洗发水中飘柔的利益承诺是“柔顺”；海飞丝是“去头屑”；潘婷是“健康亮泽”；新奥妮皂角洗发浸膏强调“不燥不腻，爽洁自然”；夏士莲是“中药滋润”。这些定位都各能吸引一大批消费者，分别满足他们的特点要求。

3. USP 定位

USP(Unique Selling Proposition)中文意思为“独特销售主张”或“独特卖点”，一个产品只提供一个卖点。USP 定位策略的内容是在对产品和目标消费者进行研究的基础上，寻找产品特点中最符合消费者需要的竞争对手所不具备的最为独特的部分。比如彩棉内衣品牌“顶呱呱”就是以“天生的顶呱呱”的独特卖点，从众多内衣品牌中脱颖而出；“与狼共舞”音乐羽绒风衣更是是国内 USP 定位的经典之作。

4. 消费群体定位

该定位直接以某类消费群体为诉求对象，突出产品专为该类消费群体服务来获得目标消费群的认同。把品牌与消费者结合起来，有利于增进消费者的归属感，使其产生“我自己的品牌”的感觉。如中国移动通信的“动感地带一我的地盘我做主”品牌服务；百事可乐定位为“青年一代的可乐”等都是消费群体定位策略的运用。

5. 市场空档定位

市场空档定位是指企业寻求市场上尚无人重视或未被竞争对手控制的位置，使自己推出的产品能适应这一潜在目标市场的需要。企业作出这种决策，对以下三个问题要有足够的把握：①新产品在技术上是可行的；②按计划价格水平，经济上是可行的；③有足够的消费者。如果上述问题的答案是肯定的，则可在这个市场空档进行填空补缺。如可口可乐公司推出的果汁品牌“酷儿”，在营销界堪称成功的典范，一个重要原因是瞄准了儿童果汁饮料市场无领导品牌这一市场空白。

6. 类别定位

该定位就是与某些知名而又属司空见惯类型的产品做出明显的区别，给自己的产品定位与之不同的另类，这种定位也可称为与竞争者划定界线的定位。如美国的七喜汽水，之所以能成为美国第三大软性饮料，就是由于采用了这种策略，宣称自己是“非可乐”型饮料，因而吸引了相当部分的“可乐消费者”转移；又如粟米油，以不含胆固醇而与花生油区别开来，在市场中拥有自己的消费群体。

7. 档次定位

按照品牌在消费者心中的价值高低可将品牌分出不同的档次，如高档、中档和低档，不同档次的品牌带给消费者不同的心理感受和情感体验。现实中，常见的是高档次定位策略，高档次的品牌传达了产品高品质的信息，往往通过高价位来体现其价值，并被赋予很强的表现意义和象征意义。如上万元一件的 MISSONI 针织套头衫能给消费者独特的精神体验和表达“高贵、成就、完美、优雅”的形象和地位，但是其消费者始终是少数；而几百元一件的珍贝毛衫则成为了更多消费者的选择。

8. 质量/价格(性价比)定位

即结合对照质量和价格来定位。质量和价格通常是消费者最关注的要素，而且往往是相互结合起来综合考虑的，但不同的消费者侧重点不同，如果选购品的目标市场是中等收入的理智型的购买者，则可定位为“物有所值”的产品，作为与“高质高价”或“物美价廉”相对立的定位。如雕牌用“只选对的，不买贵的”暗示雕牌的实惠价格，这些都是既考虑了质量又考虑了价格的定位策略；还有许多的超市服装品牌也都是面向工薪阶层的，他们的定位就更体现“性价比”定位的重要性。

9. 文化定位

将文化内涵融人品牌，形成文化上的品牌差异，这种文化定位不仅可以大大提高品牌的品味，而且可以使品牌形象更加独具特色。中国文化源远流长，国内企业对文化定位要予以更多的关注和运用。如古今内衣将“闺阁”文化与内衣文化完美的结合，赢得了年青女性的青睐；再如，安踏的“永不止步，让世界的不公平在你面前低头”品牌文化与中国人“奋斗自强”的文化完美的结合，大打运动至上的牌，取得了准确的产品定位效果。

10. 情感定位

该定位是指运用产品直接或间接地冲击消费者的情感体验而进行定位，用恰当的情感唤起消费者内心深处的认同和共鸣，适用和改变消费者的心理。如浙江纳爱斯的雕牌洗衣粉，借用社会关注资源，在品牌塑造上大打情感牌，“……妈妈，我能帮您干活啦”之真情流露引起了消费者内心深处的震颤以及强烈的情感共鸣，自此，“纳爱斯”和“雕牌”更加深入人心；又如美加净的护手霜“就像妈妈的手温柔依旧”，在我们的内心激起阵阵涟漪。

11. 级别定位

级别定位即强调自己是同行业或同类产品中的领先地位，在某一方面有独到的特色。企业在广告宣传中使用“正宗的”、“第一家”、“市场占有率第一”、“销售量第一”等口号。如波司登羽绒服一直诉求“连续 X 年全国销量第一”；浪莎一直宣传是“全国最专业的袜品牌”。

以上原则一是具体的流程，而原则二则是具体的细节方法，针织服装企业根据自己的企业现状，在秉承第一个原则的基础上结合原则二才是最为合适的针织服装品牌定位方法。

(二) 市场定位

市场定位(Market Positioning)是 20 世纪 70 年代由美国学者阿尔·赖斯提出的一个重要的营销学概念。是指企业根据目标市场产品竞争状况，针对消费者对该类产品某些特征或属性的重视程度，为本企业产品塑造与众不同的鲜明个性，并将该鲜明个性生动地传递给消费者,以求得消费者的认同。市场定位的实质是使本品牌与其他品牌严格区分开来,使消费者明确感知到这种差异,突出特色。

市场定位与产品差异化有密切关系。在商品企划过程中,通过市场定位创立产品鲜明的个性。服装是由多种因素构成,包括造型、材质、色彩等,市场定位就是要强化或放大某些产品特质,形成与众不同的独特形象,争取消费者的认同,实现市场定位的目的。如图1-1-3所示,为市场定位的基本内容:

(三) 产品定位

产品定位(Product positioning)是在完成市场定位的基础上,企业对用什么样的产品来满足目标消费者或目标消费市场的需求。许多人至今还把市场定位和产品定位混淆在一起,其实这两者完全是两回事。从理论上讲,应该先进行市场定位,然后再进行产品定位。但在实际商业实践中,也有先完成了产品定位,然后才来补做市场定位的。例如牛仔裤的发明:市场定位在先,发明者首先发现的是淘金者需要一种耐穿耐磨的衣物,即发现目标市场在那里,然后才想到把帆布裁下来做成牛仔裤这种真实的产品。随身听的发明也是如此,索尼老板首先意识到人们需要边行走边听音乐,也就是说发现有随身听的市场,然后才产生了创造随身听这一产品的念头,产品定位才产生。这些都是市场定位先行的经典例子。

市场是一群有具体需求而且具有相应购买力的消费者集合。因此,市场定位可以直观地理解为对把东西卖给谁这一人的问题的定位。而产品定位则更多的是对我们生产什么产品来卖给目标消费者这一物的问题的定位,它以人的定位为基础,但在具体内容上有根本差异,两者不能混为一谈。

产品定位是企业对选择怎样的产品特征及产品组合以满足特定市场需求的决策。一般

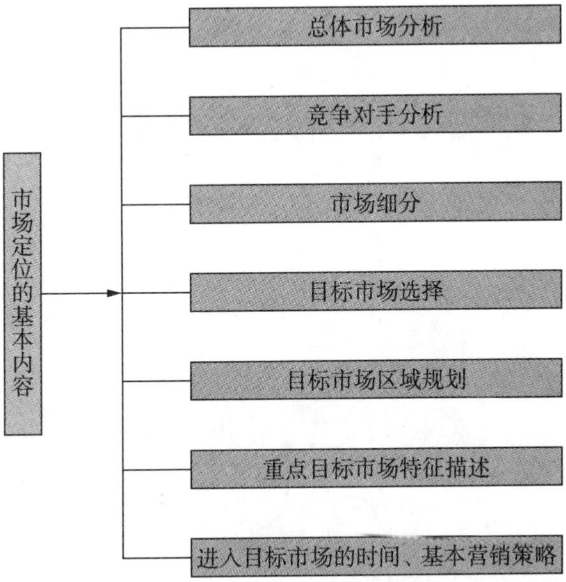

图1-1-3　市场定位的基本内容

说来，产品定位定应该包括如下基本内容：

① 基本产品类别定位，即生产什么大类的基本产品来满足定位市场的需求；

② 基本产品档次定位，这在市场定位中已研究，但在产品定位中更实际和具体；

③ 基本产品构成定位，即在产品的组成上应该如何决策，同样一类产品，但产品构成可能有较大区别；

④ 基本产品功能定位，即我们所选择的基本产品应该对消费者具有哪些基本功能；

⑤ 产品线长度决策，即产品线应该如何安排组织，是否所有产业链都自己做；

⑥ 产品宽度和深度决策，即花色品种、型号规格构成如何；

⑦ 产品外形及包装决策，即针织服装的款式设计以及包装设计；

⑧ 产品的 USP(Unique Selling Proposition)独特卖点是什么；

⑨ 产品价格决策，即价格定位策略。

基于 4P(产品、价格、渠道、促销)模式下，按照产品层次制定营销组合及基本营销策略。

第二节 针织服装的设计理念及实现

在整个的品牌企划构成中，产品的设计企划是众多企业比较薄弱的环节，没有很好的设计企划，尤其是在当今针织企业中，整个企业显得缺少活力。设计是产品创新的一个关键因素，是品牌树立的根基性因素，是企业在竞争激烈的市场中角逐的利器。

任何服装的设计都会有它的设计理念。这种理念会与服装的材料、服装的风格有着千丝万缕的联系。设计并非是感性冲动的产物，优秀的设计产生于文化的衬垫，融入了设计人员对于服饰艺术独特的见解。所以在进行针织服装的设计企划环节，我们必须形成针织服装的设计理念。

一般来说，针织服装设计理念应该包括：

1. 突出针织材料的风格

许多的针织成衣材料都具有独特的风格，各种纱线进行搭配成衣更是可以设计出许多不同的视觉效果，充分利用材料的风格成为基本的设计理念。

2. 充分表现编织的质感

针织服装无论是横机成衣还是圆机成衣，无论是经编织物还是纬编织物，都是从古老的编织物演化而来，其独特的成衣质感显然是极具美感的，也必然要得到设计师的足够重视。

3. 充分体现针织组织与其他材料结合而产生的独特外观

针织服装大多都是要依靠组织搭配成衣的。在设计过程中，要充分了解工艺的实现可能性，同时要进行创意性的组织搭配以及针织组织与其他面辅料结合使用，以形成独特的外观。

4. 注重针织工艺

随着加工机械的不断进步，许多的组织结构都得到了成批量加工的可能。设计师要十分重视针织工艺的学习，不断吸取在机械上获得设计效果的经验。

一、设计灵感的来源

任何产品的设计都是一种跨越时空的美的元素的重新组合，是文化、认识、思想的结晶产物。设计的整个过程中，充满灵感的演绎往往是设计师文化沉淀的产物。设计师通过观察生活、思考社会现象往往可以获得有效的灵感，进而通过材料、色彩、结构等表现手段将灵感现实化。

通常情况下，在进行针织服装设计的过程中，设计师可以通过以下方面进行设计灵感的探索：

① 对于现有人类文化的深入广泛认识。其中涉及全世界各民族的优秀文化，包括一些图腾、色彩、编制技术、崇拜、宗教等。并理解其中表达的对于生活和生命的认识，分析在各个历史时期，表现出来的独特的文化特征。通过设计师的创意，结合现代生活的特点，进行针对性的设计元素的选用，形成独树一帜的品牌风格。

② 对于大自然的充分感受。大自然无处不蕴藏着美丽：小溪中的石块，蓝天下的白云，花朵上的蜜蜂，等等。尤其是现在都市生活的纷扰更是让人们心中充满了对于自然的渴望。设计师通过款式、色彩、材料等设计方法进行自然元素的模仿，通过变形，构成，抽象后将灵感应用在服装设计中。

③ 对于人文文化的探索。音乐、舞蹈、诗歌、文学、历史、建筑学、医学等传统的艺术文明，以及近年来出现的环境学、仿生学、计算机学等学科，都给了设计师以足够的灵感。如建筑风格的浓缩、音乐节奏和韵律的物化、科技元素的抽象表达等都是常见的灵感提取手段。

二、品牌风格与针织服装的品类组合

(一) 风格以及服装风格的概念

“风格”(style)一词来自罗马人用针或笔在蜡版上刻字，最初含义与有特色的写作方式有关，以后，其含义被大大扩充，并被应用于各个领域。艺术风格是指从艺术作品整体上所呈现出来的代表性特点，它是由独特的内容与形式相统一，艺术家主管方面的创意和题材的客观性相统一所造成的一种难以说明，却不难感觉的独特风貌。古人论文所谓八体，“一曰典雅，二曰远奥，三曰精约，四曰显附，五曰繁缛，六曰壮丽，七曰新奇，八曰轻靡”，这是论者对其所研究过的语言艺术风格的概括性表述。

服装风格指一个时代、一个民族、一个流派或一个人的服装在形式和内容方面所显示出来的价值取向、内在品格和艺术特色。叔本华说过：“风格是心灵的外观”。服装设计所追求的境界说到底是风格的定位和设计，服装风格表现了设计师独特的创作思想，艺术追求，也反映了鲜明的时代特色。

如今时尚服装中个性化、风格化的穿着需求越来越突出，当市场细分化从以家庭为单位发展到以高感度、个性化的个人为参考单位，产品的细分更加深入发展。而对于期待发展的针织服装品牌，无疑要准确细分市场，生产出风格区别明显的服饰，以锁定不同穿着需求的消费者，扩大品牌影响力度。比如色彩清雅的淑女风格、舒适的田园休闲风格、深沉的黑白灰风格、运动感极强的简约风格等都将赢得市场的肯定，如图 1-2-1 所示。

选择淑女风格针织服装的消费者，大多为知识女性，她们具有理性的思维，干练的工作能力，在快节奏的生活中通过素雅简洁展示内心的高雅和品味。

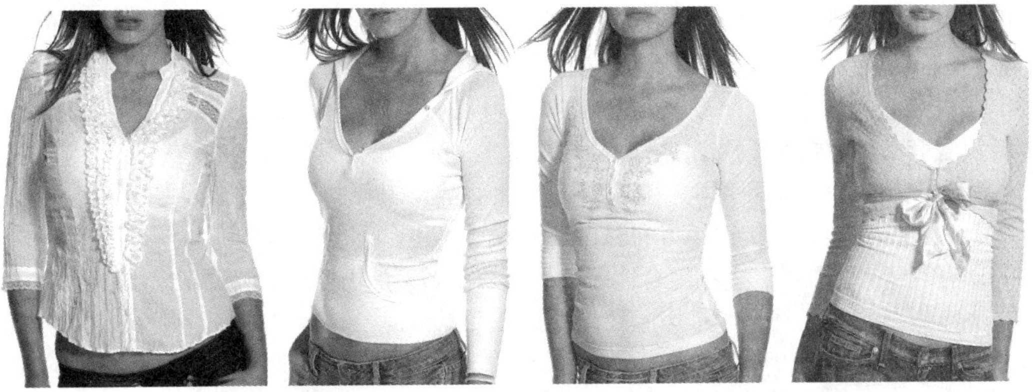

图 1-2-1 清新淡雅的淑女风格，简洁贴身、舒适大方、精细高雅是这种风格的突出特征

而在紧张的工作学习生活中，人们怀念自然，憧憬舒适惬意的田园生活。回忆舒适、慵懒的休闲感受。怀旧的色彩，简洁的剪裁，大方的款式都可以给予繁忙的人们充分的休息，也自然成为不可缺少的一种风格产品。(图 1-2-1)

此外，女性越来越多地担任着社会生活的重要角色，她们需要尊重，需要传递给人们能力和成熟的感觉。对于这部分消费者来说，能够穿着色彩深沉，而又不缺典雅和活泼的感觉的针织时装一直是她们所追求的。

赋予运动感的针织服装一改传统针织服装饱暖的穿着需求。简洁的装饰以及动感时装化的设计使得消费者可以随意轻松地进行服装的搭配，是日常服装中消费量最大的一种风格化服装。(图 1-2-2)

图 1-2-2 简约风格，简洁的装饰、运动感与时装化完美的结合是这类服装的主要特征

当然，针织服装的风格也不仅仅是以上这几种。品牌服装的风格要根据品牌的风格定位以及产品类别进行仔细的划分，这一点编者在后边将进行详细讲述。

(二) 针织服装的品类组合

1. 针织服装品类组合的概念

在服装领域中组合搭配是指两种以上的服装品类组合以形成某种整体风格。通过搭配和组合不同廓型、细节、色彩、图案、手感的服装，塑造一种统一协调的形象。然后根据模特的整体形象，决定系列化地生产什么样的产品，然后在完成各款式针织服装所需材料、色彩、价格、尺寸的企划工作。

2. 针织服装品类组合的作用

品类组合生产，是系列化生产概念下提出的词汇。其具体作用主要有三点：一是利于树立品牌形象；二是可以扩大销售利润；三是较好地保护设计产权。

① 有利于树立品牌形象：组合性的产品容易在零售市场上给消费者带来风格化的产品形象，对于品牌形象的树立和推广起到相应的作用。

② 有利于扩大销售利润：由于服装搭配穿着的消费特点，使得消费者成套购买的几率大大增加，从另外一个角度刺激了连锁性消费，增加了销售利润。

③ 较好地保护了设计产权：成套、组合性质的产品可以进行实用外观设计专利的申请，可以较好地控制模仿设计，提高品牌区别度。

3. 针织服装的品类企划

在针织服装设计、生产阶段之前的最后一项工作就是产品的品类企划。确定品牌服装在品类构成、价格设定、尺寸设定等方面的组合构成。对于已有品牌，在符合服装组合搭配的原则下，参照经验与市场数据进行动态调整，找出各品类(如内衣、毛衫、运动装等)在销售中的问题、原因并制定改进措施。

品类企划时不仅要完成针织服装的效果图，还要确定构成服装的每一个细节，如造型、材料、色彩、价格、尺寸等，即决定品牌的商品构成。重点在于确定每一品类的数量，同时设定针织运动套装、针织内衣、针织毛衫、针织休闲 T 恤等不同类别服装的构成比例。在设定不同品类构成时，首先应参考竞争对手或该企业上一阶段的销售数量和构成比例、产品类型数量、并考虑色彩、材料、尺寸等要素，确定出不同的品种规格。

4. 针织服装组合搭配的要素

组合搭配是将不同品类组合，塑造统一和谐形象的过程。广义上，组合的元素除了各式服装，还包括各种配件，如鞋、袜、帽子、手套、箱包、首饰等，以及各种造型手段，如发型、装束等。

① 服装之间的组合搭配(上装与下装，外穿服装与内穿服装，针织服装与梭织服装的搭配)；

② 服装和配件之间的组合，如运动装要与鞋、帽子、手套组合；休闲装也要和鞋、袜子、丝巾等进行组合等；

③ 整体风格与发型、化妆之间的组合搭配(从脸色到口红的颜色再到化妆的整体效果、发型、肤色等)；

④ 服装与脸形、身体比例、肤色等身体条件之间的组合搭配。

5. 针织服装品类组合搭配的基本角度

① 款式搭配角度：将不同细节、廓型、品类的服装组合搭配可以呈现出不同的风格。此外，考虑人体比例因素、季节因素等进行细心的选择。

我们可以选择一个运动风格的搭配方案，归纳出春夏季节的一个系列产品的产品类别构成主要有：针织文化衫、女衬衣、薄型针织吊衫、无袖针织帽衫、运动夹克、运动风格的马甲等主流产品、运动短裤等主产品；还有护腕、发带、内衣、腰带、针织风格的运动包等配件产品。这样就基本完成了一个针对 20 岁左右的年轻女性的春夏运动风格的产品构成初步预测，当然接下来还要根据数据和抽样消费者认可以确定最终品类构成。

② 色彩搭配角度：色相、纯度、明度的差异影响着色彩的视觉感受。色彩搭配组合的关键是对不同视觉感受的色彩进行和谐、巧妙的组合以形成预期的视觉冲击；另外，也可以融入色彩文化，形成风格化的色彩套色以吸引更多的顾客，促进商品的销售。

如图 1-2-3 所示，我们可以根据生活元素，归纳出风格化的套色以供系列化产品中产品之间的搭配选择。

图案搭配角度：图案的组合搭配包括图案文化、大小、象征意义和阴阳表达、抽象与具象的搭配等。

我们可以看出，这个过程不是要确定最终产品中的图案设计，而是要进行图案的搭配预测。描述出什么样的图案搭配在下一个销售季节会受到消费者的青睐，从而确定图案元素。使得消费者可以在不同的服装上设计出互相呼应的图案，其中包括印花图案、编织图案、贴绣图案、文字图案等等元素。

③ 原材料搭配角度：现在可以用于针织服装上的材料非常多，综合考虑服装的档次、风格要求，进行合理的材料变化是增加服装市场区分度的强有力措施。将符合色彩预测的色纱搭配到一起，考虑粗细搭配、材质风格搭配、工艺效果搭配等是这个预测工作的核心。

通过展示预测分析，我们可以确定材料纱线的搭配，进一步可以确定最终的图案效果、色彩效果，也可以进行用料成本的核算。

④ 组织搭配角度：针织服装要形成个性化品牌，不但在款式、色彩、图案、材料上形成风格，对于毛衫类的产品来说，对于组织结构的搭配预测研究也是十分重要的。

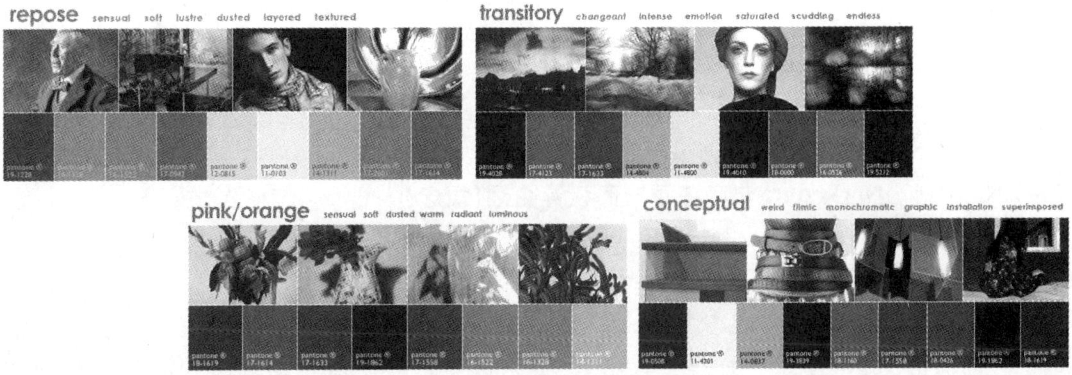

图 1-2-3　针织品牌色彩搭配主题预测

不同的组织结构搭配可以形成针织服装独特的图案和视觉效果，成为针织毛衫类产品的重要特征，也成为品牌风格化的突出表现。通过不同组织结构的搭配以确定下一个系列产品组织结构组合。（图 1－2－4，图 1－2－5）

图 1－2－4　贝纳通秋冬产品品类组合一

图 1－2－5　贝纳通秋冬产品品类组合二

三、设计理念及实现

我们以 NY 品牌为例来说明设计理念实现的方式、方法。

（一）NY 品牌 2008～2009 年秋冬季产品设计企划（概念）

品牌名称： NY（Naturally be Yourself）

设计理念： 取其品牌精神——Naturally be Yourself 的首字母为品牌名称，NY 所代表的意思是“自然、自我”的生活态度，更是 NY 品牌要诠释和推广的着衣理念。

产品风格： 慵懒随意、闲散安适、温暖怀旧、甚至带有一点奇幻魅力和诡异色彩的休闲装。

季节主题：小镇迷游

以法国某个浪漫小镇生活意境为灵感来源，这些服装会让你觉得自己迷游在某个温暖的小镇，似是一幅幅展现小镇生活的重彩油画，每一套服装都是一个小镇角落正在上演的生活故事，带着人世温情的暖色调和慵懒调。

定位分析：

消费对象：18～28 岁追求从容优雅又不失个性的时尚青年群体

产品类别：针织类别休闲装

辅助产品：围巾帽子、手套袜套、竹编包、编织腰带、购物环保袋、休闲复古鞋、丝袜/袜裤

尺寸定位：女：155A、160A、165A、170A，男：175A、180A、185A

价格带：200～600 元

卖场选择：品牌专卖和商场专柜

装修风格：朴质自然，慵懒随意，温暖中带着一点怀旧

品牌形象：

卖场形象：以品牌专卖店和商场专柜形式出售，体现自然自我的健康形象

宣传形象：以发放品牌环保购物袋为主要宣传手段（袋内有品牌介绍和每一季的产册集），配合海报、媒体、杂志、网络等宣传手段

服务形象：以从容优雅的健康形象和亲切热情的服务来诠释品牌精神

（二）NY 品牌 2008～2009 年秋冬季产品设计企划（造型概念）

系列名称：小镇迷游

廓型：A 型、H 型、自然松散型

款式造型多是立体变化丰富，穿着方式随意百搭的松垮宽松式样，舒适自然。

目标造型：

如图 1－2－6 所示。

图 1－2－6　目标造型图

(三) NY 品牌 2008～2009 年秋冬季产品设计企划(色彩概念)

设计元素：色彩(图 1－2－7)

图 1－2－7　色彩方案图

色彩方案：

色彩灵感来源于法国电影《天使艾米莉》(图 1－2－8)，影片的主色调(红、绿、黄)，是从巴西画家 Juarez Machado 的油画中得到的灵感。强调一种以暖色调为主的把互补色并列放置在一起的关系处理，并强调色彩的对比，整个电影构图完全是油画重彩样式，淡淡的怀旧风格跃然其上。

本系列的服装颜色也以红绿黄为主色调，并且降低纯度，小部分有对比色冲撞，结合欧式印花颜色的缤纷绚烂，但都统一在红、绿、黄的灰调子中，怀旧中带着人世温情。

图 1－2－8　色彩灵感来源

(四) NY 品牌 2008～2009 年秋冬季产品设计企划(面料概念)

设计元素：面料(图 1-2-9)

主料：羊绒混纺、腈纶混纺、印花针织棉

配料：真丝雪纺、毛呢

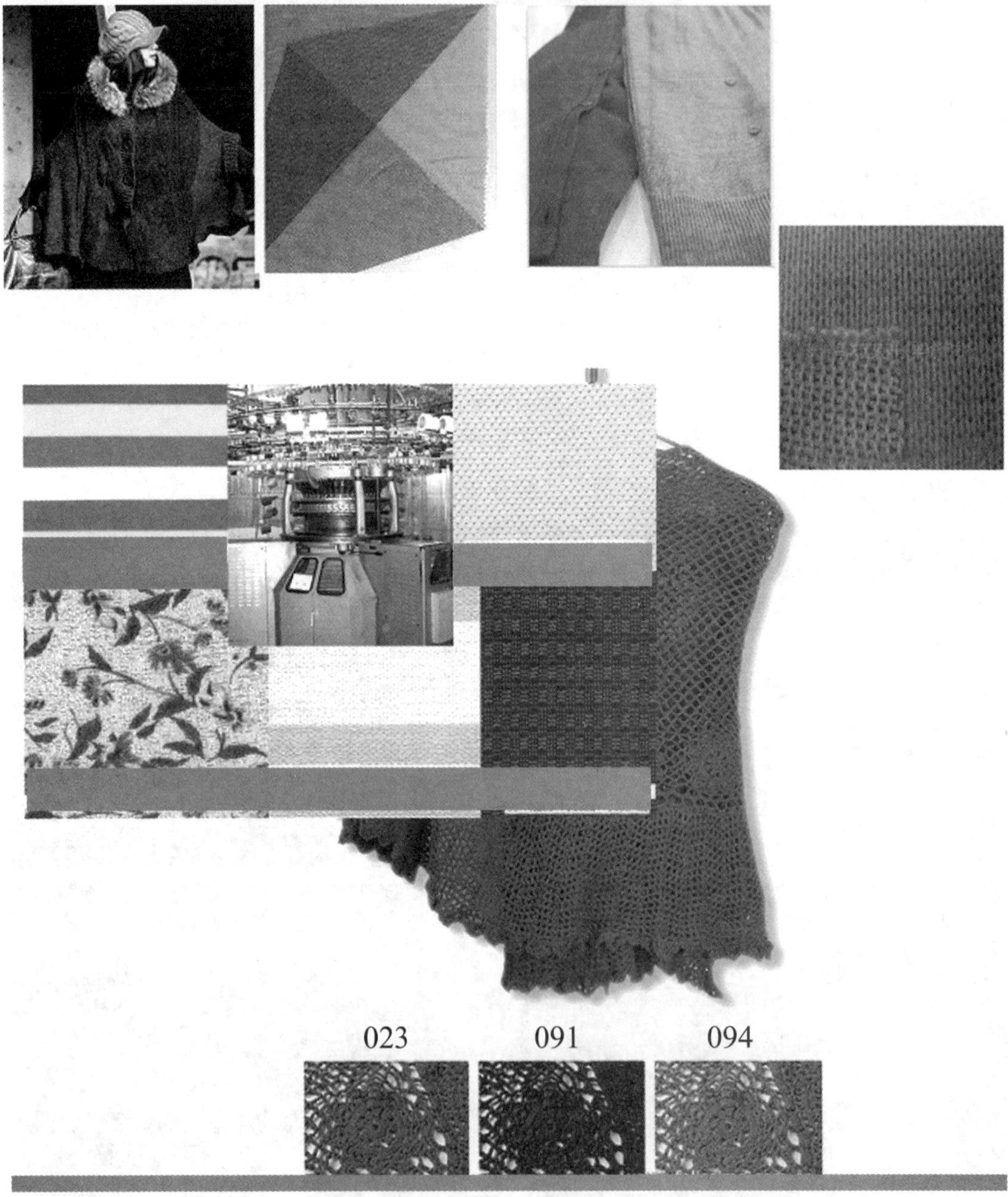

图 1-2-9　面料

(五) NY 品牌 2008～2009 年秋冬季产品设计企划(辅料概念)

设计元素：辅料(图 1-2-10)

棉质花边带和贝壳或椰壳扣子符合本系列田园小镇的气息。

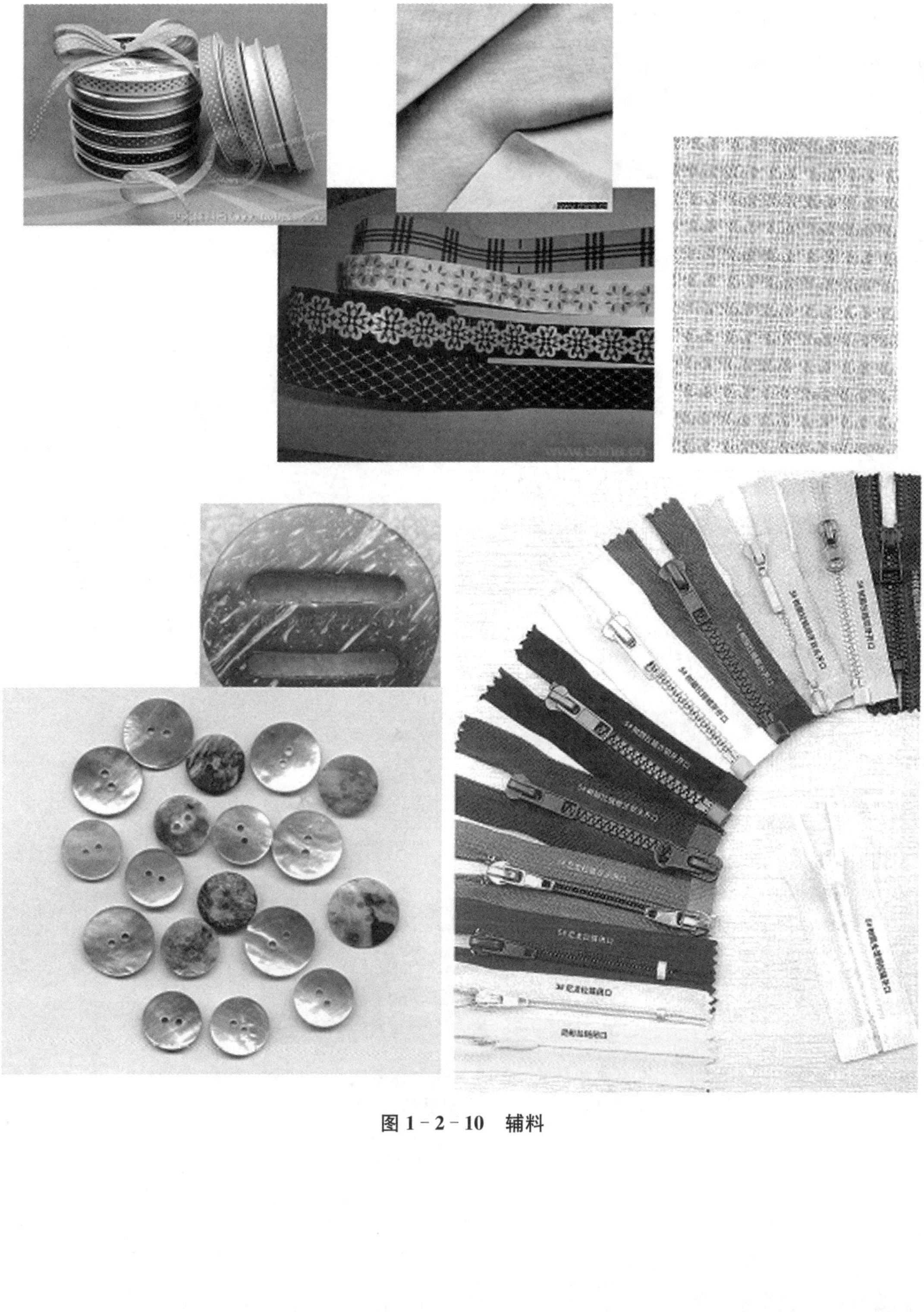

图 1-2-10 辅料

（六）NY 品牌 2008～2009 年秋冬季产品设计企划（装饰概念）

设计元素：装饰和配件（图 1－2－11）

此系列服装慵懒随意，太多精致的细节装饰反而会使服装显得繁琐累赘，装饰过度，因此，一些朴质简单的配饰足以使服装锦上添花。

配件：复古的牛皮编织腰带，田园味道的竹编包，针织长臂手套和围脖，休闲小皮鞋等。轻松随意，闲散安适，看似漫不经心，实则精致独特，适合时尚年轻人。

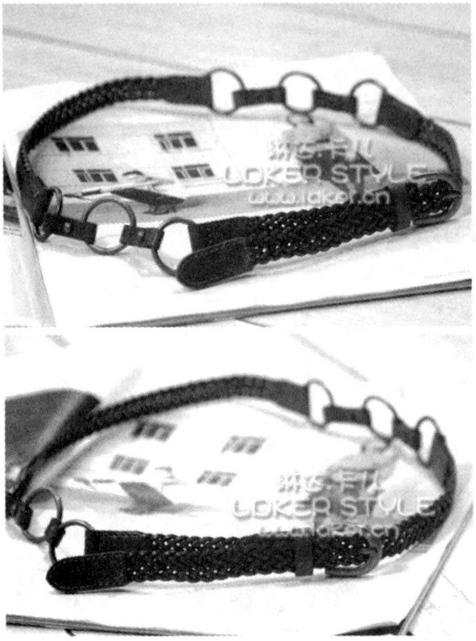

复古休闲系带小皮鞋与
服装相得益彰

编织手提包小镇韵味十足

简单款式的长臂手套和帽子围巾，
使服装显得更加温暖舒适、活泼时尚

图 1－2－11 装饰和配件

(七) 效果图一(图 1-2-12)

图 1-2-12　效果图一

(八) 效果图二(图 1 - 2 - 13)

图 1 - 2 - 13 效果图二

(九) 效果图三(图 1-2-14)

图 1-2-14 效果图三

第三节 针织服装的设计元素

正如大家所知,服装设计的基本要素是款式、色彩和面料。针织服装设计与服装设计有共性,也有个性,所以它的基本要素在统一中求变化。

总体来讲,针织服装设计的基本要素有六个:原料、组织、款式、色彩、装饰和工艺。

一、原料

(一) 常见的毛衫原料和织物特点

1. 毛衫的原料

(1) 纯毛类织物

原料为山羊绒、绵羊绒、驼绒、牦牛绒、羊毛、羊仔毛(短毛)、驼绒及兔毛等纯毛织物。

(2) 混纺纯毛织物

原料由两种或两种以上纯毛混纺和交织织物。如:驼毛/羊毛,兔毛/羊毛,牦牛毛/羊毛等。

(3) 各类毛与化纤混纺交织织物

原料为各类毛与化学纤维的混纺和交织,如:羊毛/化纤(毛/腈、毛/锦、毛/粘)、马海/化纤、羊绒/化纤、羊仔毛/化纤、兔毛/化纤和驼毛/化纤等。

(4) 纯化纤类织物

原料为纯化学纤维,如:腈纶衫、涤纶衫和弹力锦纶衫等。

(5) 化纤混纺织物

原料为各种化学纤维间的混纺和交织,如:腈纶/涤纶和腈纶/锦纶。

2. 针织毛衫织物的特点

精纺类羊毛衫织物的综合特点是平整、挺括、针路清晰,光洁,手感、弹性好,抗伸强度高。粗纺类羊毛衫织物,相对于精纺类织物而言,纱线的线密度较高(即纱线较粗),抗伸强度低,但毛绒感强,手感柔软,延伸性和悬垂性较好,并且具有较好的保暖性和透气性。粗纺的各种羊毛衫产品也各有特色。羊绒衫、驼绒衫和牦牛绒衫等高档羊毛衫,是羊毛衫产品中的佼佼者,其表面绒茸短密适度,手感柔软、滑糯,有天然色泽。兔毛衫的特色在于其纤维细软,光泽柔和,织物表面毛茸耸起,且有枪毛,外观独具风格,质轻、蓬松、感触滑爽,保暖性胜过羊毛产品。如果采用先成衫后染整的工艺,可以使其色泽更纯正、艳丽,别具一格。马海毛针织物表面绒毛长,光泽鲜亮,手感柔中有骨,并且不易起球。

化纤类毛衫织物的共同特点是较轻，回潮率较低，纤维断裂强度比毛纤维高，且不会虫蛀，但其弹性恢复率低于羊毛，保形性不及纯毛毛衫，也比较容易起球、起毛和产生静电。腈纶衫色泽鲜艳，蓬松性好，保暖性也接近纯羊毛衫；近几年来，国际市场上以腈纶/锦纶混纺的仿兔毛纱、变性腈纶仿马海毛纱编织的毛衫可以与天然兔毛、马海毛产品相媲美。弹力锦纶衫、弹力涤纶衫、弹力丙纶衫具有坚牢耐穿、弹性优良的特性。

动物毛与化纤混纺的毛衫织物，具有各种动物毛和化学纤维的“互补”特性，其外观有毛感，抗伸强度得到改善，降低了毛衫成本，物美价廉。但在混纺毛衫中，因不同纤维的上染、吸色能力不同，故染色效果不理想。

羊毛衫织物同其他针织物相比，最主要的特点是延伸性强、弹性好，具有良好的柔韧性、保暖性和透气性。这些主要特点决定了羊毛衫穿着舒适、服用性能优良。此外，羊毛衫还具有色泽鲜明、花色繁多、款式新颖、经久耐穿等特点，使得其深受广大消费者的青睐，并且使得毛衫在针织物中占有重要地位。

(二) 毛衫用纱种类

羊毛衫生产使用的纱线种类很多。首先是传统手工编结绒线，编结绒线又称为手编绒线或毛线，除了用于手编用途之外，也可用于粗机号横机编织毛衫(衣、裤)。

根据纱线原料的不同，可分为传统的动物毛、化学纤维和棉的纯纺纱线以及混纺纱线，还可分为毛/麻混纺纱线，毛/绢丝混纺纱线等。随着纺织科学和技术的进步，诸如 Tencel 纤维、Model 纤维、大豆蛋白纤维、珍珠蛋白纤维、竹纤维、甲壳素纤维、牛奶纤维、彩色棉、超细纤维、差别化纤维、功能纤维和智能纤维等高技术、绿色环保、穿着舒适的新型纱线也被列入羊毛衫的用纱范围，它们通常与各种动物毛纤维纺成混纺纱使用，以满足不同的生产和服用要求。(图 1-3-1)

根据纱线形态的不同，可分为普通纱线、膨体纱线和花式纱线。普通纱线和膨体纱线是羊毛衫生产中最常用的纱线，而花式纱线近年来也越来越多地在羊毛衫的生产中使用。

根据纺纱过程的不同，可分为精纺纱和粗纺纱两类。精纺纱是将原料按精纺工艺流程加工而成的各种纯毛、混纺或化纤纱，如 31.3 tex×2(32 公支/2)羊毛纱、41.7 tex×2(24 公支/2)毛/腈纱(毛、腈各占 50%)、38.5 tex×2(26 公支/2)腈纶纱(膨体纱)、25 tex×2(40 公支/2)腈纶纱(正规纱)等。精纺纱一般是合股纱，纱线可纺线密度较低、织物弹性好、纹路清

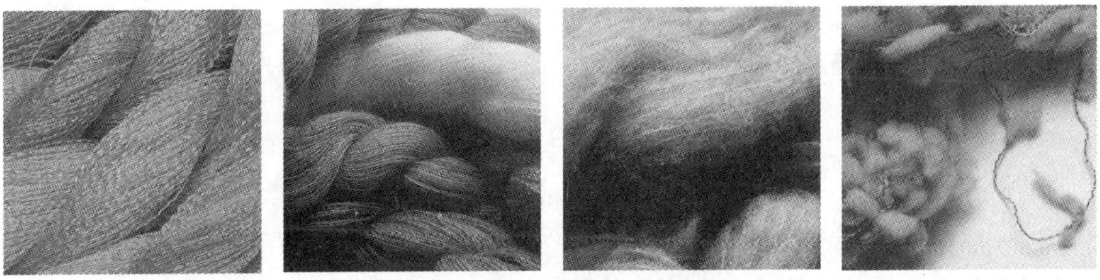

图 1-3-1 丰富多彩的纱线

晰，具有较好的弹力、条干均匀度和良好的热可塑性。产品经定形后挺括、不易变形，手感柔软。粗纺纱是将原料按粗纺工艺流程加工而成的各种纯毛、混纺或化纤纱，例如 35.7 tex×2(28 公支/2)羊绒纱、71.4 tex×1(14 公支/1)驼绒纱、83.3 tex×1(12 公支/1)兔毛纱、41.7 tex×2(24 公支/2)牦牛毛纱、83.3 tex×1(12 公支/1)毛/腈纱(羊毛、腈纶各占 50%)等。粗纺纱大部分是用较短的纤维纺成的，有单纱和合股纱两种。纺成的纱线线密度较高，强力和条干均匀度比精纺毛纱差，但具有较好的缩绒性能。

1. 动物毛纱

动物毛中常用的是羊毛、羊绒、羊仔毛、雪特莱毛、马海毛、兔毛、驼绒、牦牛绒等。

(1) 羊毛纱

羊毛纱通常指的是绵羊毛纱。绵羊毛纤维的直径为 18～25 μm，长度为 30～80 mm，相对密度为 1.32 tex。外观细而长，实心而且截面接近圆柱形，卷曲度高，鳞片较多。绵羊毛纤维的强度高，且具有良好的弹性、热可塑性、缩绒性等。羊毛纱是羊毛衫生产中使用最多的纯毛纱，多为精纺纱，可编织各种款式的羊毛衫。织成的毛衫平整、挺括、针路清晰、布面光洁、弹性好，具有较好的服用性能，在国内外市场很受欢迎。

(2) 羊绒纱

羊绒纱是由山羊身上梳抓而得到的覆盖于长毛之下的绒毛，并经分梳纺制而成的纱线。山羊绒纤维的平均直径为 14～17 μm，长度为 30～40 mm，相对密度为 1.29 tex。纤维细度在毛绒类纤维中偏低，纤维表面鳞片较多，一般纺成粗纺毛纱，长度在 36 mm 以上的羊绒纤维可纺成精纺纱。产品经缩绒后，手感柔软而滑爽，保暖性好、光泽度好、穿着舒适，但弹性不如羊毛，成衫后不宜长时间悬挂。由于羊绒纱对酸、碱和热的反应都比较敏感，因此在缩绒工序的操作中必须区别于其他毛纱。山羊绒是极其珍贵的毛针织原料，素有“软黄金”和“纤维宝石”之称。具有白、青、紫等天然色泽，其中以白羊绒最为名贵。世界上年产羊绒纤维 14 000 t 左右，其中我国年产羊绒纤维 10 000 t 左右，因此羊绒纤维是我国的特色纤维之一。羊绒衫也是我国的特色纺织产品之一，是我国出口创汇的高档产品，在国际市场上享有盛誉。

(3) 羊仔毛纱

羊仔毛纱是由小羊羔的毛所纺成的纱线。羊仔毛纤维的直径为 18～20 μm，长度为 30～40 mm。由精梳毛纱梳理下来的短毛和一些线密度在 15.6 tex 以下的散毛与精梳毛条按一定比例混纺而成，国内惯称“短毛”。羊仔毛纱常掺以羊绒和锦纶与其混纺，以改善其手感和强力。羊仔毛的缩绒性好，缩绒后毛型感强，手感柔软，其成本较低，是羊毛衫生产中常用的粗纺原料之一。

(4) 雪特莱毛纱

雪特莱毛又称雪兰毛，纤维直径为 25～30 μm，原产于英国雪特莱(Shet-land)岛，其中混有粗的、缩绒性较差的枪毛，手摸有轻微扎刺感。由雪特莱毛纱织成的毛衫具有丰厚、膨松、自然粗犷的风格，因而具有这种风格的毛衫一般都称为雪特莱毛衫。雪特莱毛衫在穿着中不容易起球，价格较低，一般用作外衣。

(5) 马海毛纱

马海毛又称安哥拉羊毛，原产于土耳其的安哥拉省，现在的北美及南非也出产马海毛。我国西北地区所产的中卫山羊毛同属马海毛系。马海毛是一种半细而长的山羊毛，纤维长度约 100～300 mm，为普通绵羊毛纤维长度的 1～2 倍，纤维直径为 10～90 μm，带有特殊的波浪弯曲，纤维表面鳞片较少，故十分光滑且具有明亮的光泽，染色时能染制成各种鲜艳的颜色。马海毛纱织成的毛衫弹性较好，但可塑性稍差，成衫后一般均需经过缩绒整理，以充分显示其纤维较长的独特风格，也可采用拉毛工艺来实现该目的。马海毛的手感软中有骨，在羊毛衫产品中也属高档产品。

(6) 兔毛纱

兔毛纱是由兔身上剪下的毛纤维纺制而成的。兔毛纤维的直径为 5～30 μm，长度为 30～150 mm，相对密度为 1.18 tex。兔毛纤维的密度较小，纤维细度较小，表面鳞片排列也十分紧密，故表面光滑而无卷曲度，因而抱合力差，不宜纯纺。一般采用与羊毛、锦纶等纤维混纺来增加抱合力，进而增加纱线的强力。兔毛纤维颜色洁白，富有光泽，质地柔软、滑糯，保暖性较好，吸湿性好，是羊毛衫工业的珍贵原料之一。用兔毛纱主要生产兔毛衫，成衫经缩绒整理后，具有质轻、茸浓、丰满、滑糯等特点。兔毛衫通常采用成衫染色，是出口的高档产品，深受国内外市场的欢迎。

(7) 驼绒纱

驼绒纤维是在双峰骆驼脱毛期间抓下的绒毛。纤维平均直径为 14～23 μm，长度为 40～135 mm，相对密度为 1.31 tex。驼绒纤维外观细长，手感柔软，呈淡棕色，是羊毛衫工业的珍贵原料之一。驼绒纤维表面较平滑，一般不宜纯纺，多与羊毛混纺，以提高纱线的工艺性质。驼绒衫一般需经缩绒整理，但其缩绒性能较差，不易起毛及毡缩。驼绒纱可以进行染色，但色谱不广，目前只限于深色谱。驼绒纱生产的驼绒衫属于高档产品。

(8) 牦牛绒纱

牦牛绒纱是用牦牛身上的绒毛经梳理加工纺制而成。牦牛绒纤维的平均直径为 20～22 μm，长度为 30 mm 左右。牦牛绒纤维细而短，性能与羊毛相似，世界年产量仅为 3 000 多吨，其中我国的产量占 90%左右，由于其产量较少，故十分名贵。牦牛绒纤维是我国的特色纤维之一，由牦牛绒纱生产的牦牛绒衫受到国际市场的普遍欢迎。

2. 化纤纱

化纤纱常用的原料有腈纶、锦纶、涤纶等。

(1) 腈纶纱

腈纶是聚丙烯腈纤维的商品简称，国外又称“奥纶”、“开司米纶”、“特拉纶”等。羊毛衫用腈纶纱又分为腈纶膨体纱(另称腈纶开司米)与腈纶正规纱两种。腈纶纱一般为精纺纱，染色性能好、色泽鲜艳、蓬松且保暖性好，相对密度为 1.14 tex，比羊毛轻 11%，断裂强度是羊毛的 1～2.5 倍。另外，腈纶耐光性能好，能抗霉防蛀，但吸湿性差，耐碱性差，耐磨、耐热性也差，故不能高温定型。腈纶衫在穿着过程中易起毛、起球，易产生静电而吸附灰尘，服用性能不如精纺类羊毛纱的同类产品。

(2) 锦纶纱

锦纶是聚酰胺纤维的商品简称，国外又称“尼龙”、“耐纶”等。锦纶分为长丝和短纤维两种，其耐磨性好、强力高。在羊毛衫生产中多用锦纶短纤维与动物毛混纺，以提高毛纱的强度与耐磨性。锦纶长丝以锦纶弹力丝应用较多，多用于生产弹力锦纶衫、裤。产品的主要优点是弹性好、穿着耐久、不怕虫蛀、耐腐蚀，缺点是耐光性差、保形性不好、穿着过程中易起毛起球。

(3) 涤纶纱

涤纶是聚酯纤维的商品简称，国外又称“特丽纶”、“达柯纶”等。涤纶最突出的优点是具有良好的抗皱性和保形性，耐热性好，具有易洗、易干、免烫的“洗可穿”性能。其缺点为吸湿性和染色性差，织物易起毛、起球等。目前，在横机编织的羊毛衫中，常用涤纶长丝编织门襟、袖窿等局部部位；在圆机编织羊毛衫中，涤纶长丝也有一定程度的运用。

(三) 针织毛衫用纱的要求

在羊毛衫生产过程中，毛纱的结构、性质和质量将会直接影响生产过程和产品的内在和外观质量。为了保证羊毛衫的正常生产和产品质量，通常在以下几方面对毛纱提出要求。

1. 线密度偏差和条干均匀度

线密度偏差也称重量偏差或纤度偏差。纱线的线密度偏差与纱线的条干均匀度是纱线的重要品质指标，是评定纱线质量的指标之一，应控制在一定范围内。否则，纱线过粗或过细都将影响纱线的强力，织造时会增加断头率和停台时间，而条干不匀将会影响织物的外观质量；同时，一批纱的线密度偏差也将使羊毛衫织物产生重量偏差。因此，必须严格控制毛纱的线密度偏差，以提高羊毛衫产品的内在与外观质量。目前，一般规定精纺毛纱的线密度偏差率＜±4%，粗纺毛纱的线密度偏差率＜±5%。在实际生产过程中，对高、中、低档羊毛衫产品有更具体和详细的线密度偏差和条干均匀度要求。例如，羊绒纱、兔毛纱、驼毛纱的线密度偏差率要求＜±3%，条干均匀度的要求是：在织片试验后比照标准试样，不允许有明显的粗细不匀和云斑。

2. 捻度和捻度不匀率

羊毛衫生产中所用的精纺、粗纺毛纱的捻度是影响羊毛衫生产的一个重要因素。加捻是单纤维成纱的必要条件，捻度是表示单位长度内纱线所具有的捻回数。公制捻度的单位长度为 1 m，特克斯制捻度的单位长度为 10 cm，英制捻度的单位长度为 1 in。一般情况下，纱线的捻度越大，则纱线强力越高。但当捻度在较大的基础上继续增大时，不但不能提高纱线强力，反而会使纱线的强力降低。因此，在羊毛衫生产中，不能简单地用提高纱线捻度的方法来增加纱线强力。一般地说，纱线捻度过小，则毛纱强力不足，会增加络纱和织造过程中的断头率，影响生产的顺利进行，同时也影响织物的强力；但捻度过大，则纱线发硬且转曲，也将妨碍正常的编织，即使织成衣片，在衣片表面也会产生各种疵点。因此，纱线的捻度必须适当并且均匀。羊毛衫生产用纱常要求纱线柔软、光滑，而粗纺纱织成的羊毛衫一般需经缩绒整理，故纱线捻度可适当降低。

捻度不匀率一般为：精纺毛纱＜8%～10%，粗纺毛纱＜10%。

3. 断裂强力和断裂伸长

毛纱的强力直接影响到生产过程能否顺利进行以及成品的穿着牢度。如果纱线强力不足、断裂伸长率低，则在编织过程中容易引起纱线断裂，使织物产生破洞，进而影响到产品质量。一般要求毛纱的断裂强度为：精纺纯毛纱＞5 200 m，精纺混纺纱及化纤纱＞9 500 m。当毛纱的断裂强度相同或在允许值以内时，则断裂伸长大的毛纱不易断头。

4. 回潮率

回潮率的大小会影响毛纱的性能(如毛纱的柔软度、导电性、摩擦性能等)，进而影响到毛纱能否顺利加捻及产品成本的高低。回潮率过低，会使纱线变硬、变脆，腈纶等合纤纱还会因回潮率的降低而引起导电性能的降低，从而产生明显的静电现象，降低纱线的可加工性，使编织难于进行；回潮率过大，则毛纱强力降低，且毛纱与成圈机件之间的摩擦力将增加，使羊毛衫编织机的负荷增加，编织困难。另外，回潮率的变化也会影响羊毛衫重量的变化，继而影响毛衫的成本。所以回潮率的控制与毛纱加工和毛衫生产成本等密切相关。一般采用标准状态[温度为(20±3)℃，相对湿度为(65±5)%]下的回潮率(即公定回潮率)来对毛纱回潮率进行统一的规定。

5. 染色的均匀性和色牢度

毛纱染色均匀与否对羊毛衫的质量具有十分重要的意义。如果染色不均匀，成衣后会产生色花、色档等现象而直接影响产品的外观质量。因此，对羊毛衫用纱的色差，一般规定不低于三级标准。为了使羊毛衫在服用过程中经日晒和水洗后不易脱色，对毛纱的染色牢度也有一定要求。

6. 柔软性和光洁度

毛纱的柔软性和光洁度对羊毛衫的编织过程有很大的影响。柔软光洁的毛纱易于弯曲和形成封闭的线圈，且编织阻力较小；相反，柔软性和光洁度较差的毛纱编织时阻力较大，而且容易使成圈不均匀，影响羊毛衫成品的外观质量。因此，对毛纱的柔软性和光洁度也有一定的要求。在络纱时，对毛纱进行上蜡处理是使毛纱光滑的有效措施之一。

(四) 原料的检验

为了满足羊毛衫用纱的要求，及时发现和弥补毛纱存在的质量问题，提高原料的利用率，提高生产效率，保证羊毛衫产品的质量，必须对进厂的毛纱进行检验。

毛纱的检验内容包括：线密度偏差、条干均匀度、捻度、捻度不匀率、断裂伸长、断裂强力及其不匀率、回潮率、色差、色花、色牢度、柔软性、光洁度、织成织物的洗涤变形、织成织物的起毛、起球等。检验毛纱所需的主要仪器有：天平、恒温烘箱、显微镜、缕纱测长机、绞纱强力机、解捻式捻度仪、箱式滚动起球仪等。

毛纱在出厂前由纺纱厂进行检验，羊毛衫厂仅对直接涉及毛纱的编织性能、产品质量和生产成本的大绞纱重量、线密度偏差、条干均匀度、色差、色花等进行检验。对于有的项目，如捻度、单纱强力、染色牢度等有异议时，可要求纺纱厂提供有关数据，商请复验或送检验局检验。

凡未经检验或经检验后不符合编织用纱标准的纱线，仓库不得发交生产。在检验中如发现毛纱级别偏差、色差、缸差、线密度偏差等问题，检验人员必须及时向技术部门和生产车间反映，以便及时修改工艺或采取其他一些措施来保证羊毛衫的成品质量。

(五) 色号

羊毛衫厂目前使用的毛纱大多数为有色纱，即使是白纱成衫染色，也往往得有一个规定的色彩代号来表示其为何种颜色；况且在同一色谱中，也有很多不同的颜色，如红色谱里就有大红、血红、暗红、紫红、枣红、玫瑰红、桃红、浅红、粉红、浅粉红等，有的多达十几种。由于纤维的特性不同，就是同一种颜色也有差异，为此需要有一个统一的代号或称呼来加以区别。目前国内采用统一的对色版(简称色版或色卡)来对照比色。此统一的对色版是由中国纺织品进出口公司上海外贸总公司服装分公司和上海市毛麻纺织工业公司制订的，全称为“中国毛针织品色卡”，此色卡被作为全国各羊毛衫厂和毛纺厂统一使用的对色版来对照比色，其对色色号是由 1 位拉丁字母和 3 位阿拉伯数字组成。

色号的第一位为拉丁字母，表示毛纱所用的原料，各字母代号为：

N——羊毛品种“代旧色版 W 和 H”

WB——腈纶 50/羊毛 50，腈纶 60/羊毛 40，腈纶 70/羊毛 30

KW——腈纶 90/羊毛 10

K——腈纶(包括腈纶珠绒腈纶 90/锦纶 10，腈纶 70/锦纶 30)

L——羊仔毛(短毛)

R——羊绒

M——牦牛绒

C——驼绒

A——兔毛

AL——50%长兔毛成衫染色

色号的第二位数字用阿拉伯数字，表示毛纱的色谱类别：

0——白色谱(漂白和白色)

1——黄色和橙色谱

2——红色和青莲色谱

3——蓝色和藏青色谱

4——绿色谱

5——棕色和驼色谱

6——灰色和黑色谱

7～9——夹花色类

色号的第三、四位数字表示色谱中具体颜色的深浅编号，也用阿拉伯数字表示。原则上数字越小，表示所染颜色越浅；数字越大，表示所染颜色越深。一般从 01 到 12 为从最浅色到中等深色，12 以上为较深颜色。(图 1-3-2)

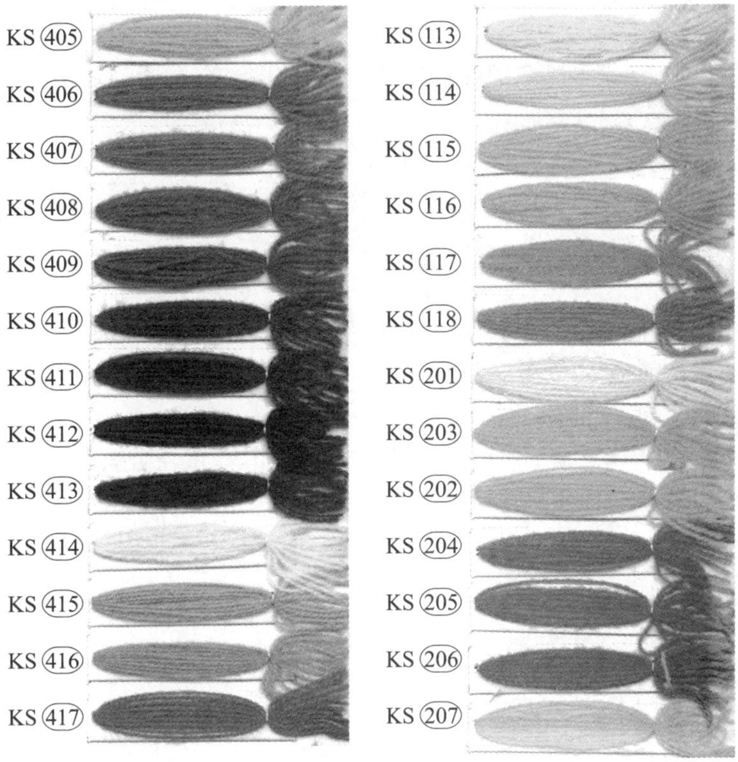

图 1-3-2 毛针织品色卡

例如：N 0 01

- 01——表示色谱中最浅的一种
- 0——代表白色
- N——为羊毛纯纺毛纱

N001 在工厂中习惯称为“特白全毛开司米”。

又例如：K 3 13

- 13——色谱中中等深色的一种
- 3——蓝色和藏青色谱
- K——适用于腈纶针织绒对色

K313 在工厂中习惯称“腈纶色版品蓝”。

在某些地区或对某些国家出口的产品中，现尚沿用旧色号。其由 4 位阿拉伯数字组成。第一位数字取代拉丁字母，仍表示毛纱所用原料的代号，取品号中的原料代号来表示，第二位数字也为色谱类别，第三、四位数字也表示色谱中具体颜色的深浅。

二、针织服装的组织设计

针织服装的成衣面料与梭织服装的用料来讲是相对独特的，一般来说，针织服装用料分为纬编针织物、经编针织物和非织造布。

1. 纬编针织物

在纬编针织机上，不管是固定的或运动的织针，在同一个成圈循环中，喂纱和成圈在针床的每一枚织针上依次发生，这样，纱线将通过每一枚织针编织形成一个织物横列。

① 基本组织：包括纬平针组织、罗纹组织、双罗纹组织、双反面组织；

② 花色组织：包括提花组织、集圈组织、添纱组织、衬垫组织、毛圈组织、长毛绒组织、衬经衬纬组织、菠萝组织、纱罗组织、波纹组织。

2. 经编针织物

在经编针织机上，同一个成圈循环中，喂纱和成圈在针床上的每枚织针上同时发生，由于全部织针同时做针前垫纱，而针背垫纱是从一个成圈循环的一枚针上移到下一成圈循环的另一枚针上时形成的。

① 基本经编组织：包括编链组织、经平组织、经缎组织、重经组织；

② 变化经编组织：包括变化经平组织、变化经缎组织；

③ 花色经编组织：衬经纬编组织、花边经编组织、缺垫经编组织、提花经编组织、压纱经编组织、贾卡提花针织物。

3. 非织造布

非织造织物是采用非织造技术加工的织物，它是一种由纤维层构成的纺织品。这种纤维层可以是梳棉网、定向或非定向铺置的纤维网或纱线层，也可以结合其他纺织品或非纺织材料（如塑料薄膜、金属箔等），将这些材料用机械或化学的方法使之结合成织物。

综上所述，针织服装的产品设计和成产就是在以上的组织的选用和搭配中进行的。在服装的外观上可以呈现出富于变化的季节性更新，这也是针织服装给人的独特感受。同样，我们所说的品类组合生产都是要建立在对以上材料信息具有充分了解的基础之上的。

组织结构不仅影响到针织服装的整体效果和风格，而且对毛衫的弹性、保暖性，甚至是生产效率都影响极大。所以在我们设计针织毛衫之前，必须要对其组织结构充分了解和熟知。

(一) 常用组织及性能特点

平针组织（最基本的组织）、四平组织、1＋1 罗纹、2＋2 罗纹、四平空转、集圈、胖花、扳花、双鱼鳞组织、提花、空花等等。

(1) 平针组织

又称纬平组织、单面组织。

织针排列：满针在单针床上进行编织。

平针织物两面具有不同的外观，由于反面的圈弧对光线比正面的圈柱有较大的漫射作用，因而织物的反面较正面要暗。在成圈过程中新线圈是由工艺反面穿到工艺正面的，因此纱线的接头、杂质等被挡在织物的反面，相比之下其正面显得光洁、平整。这种组织是针织毛衫中最常见的组织，其特点是结构简单、轻、薄、柔软，在直、横向拉伸时具有较好的延伸性，且横向延伸性比纵向大，其边缘有较大的卷边性，织物可以沿顺编织方向和逆编织方向脱散。素色纬平针织物应用最为广泛，具有简单、光洁、平整的外观特征。（图 1-3-3）

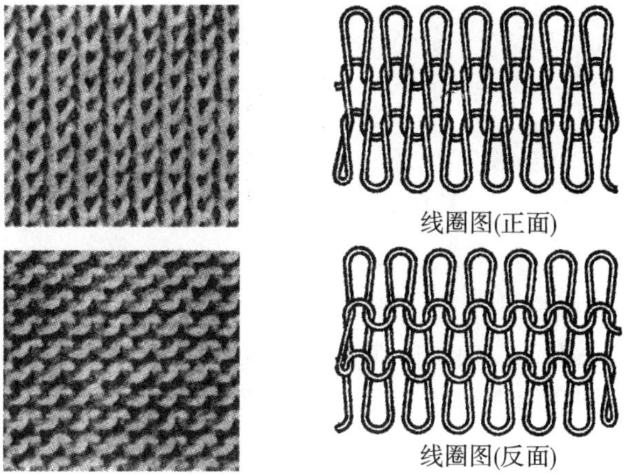

图 1-3-3　平针组织

（2）四平组织

又称罗纹织物，与 1+1 罗纹、2+2 罗纹一样同属罗纹大类。在双针床上进行编织，三角全部进入工作，成圈深度一致。

织针排列：前后针床满针排列。

四平织物又称满针罗纹织物，因其在编织过程中前后机床呈满针排列而得名。在相同条件下，满针罗纹比 1+1 罗纹紧密、厚度较厚、幅宽较宽、织物平整、弹性好，横向拉伸性小，尺寸稳定性及保型性好，常用于毛衫的大身、衣领、门襟和袋边等部位。（图 1-3-4）

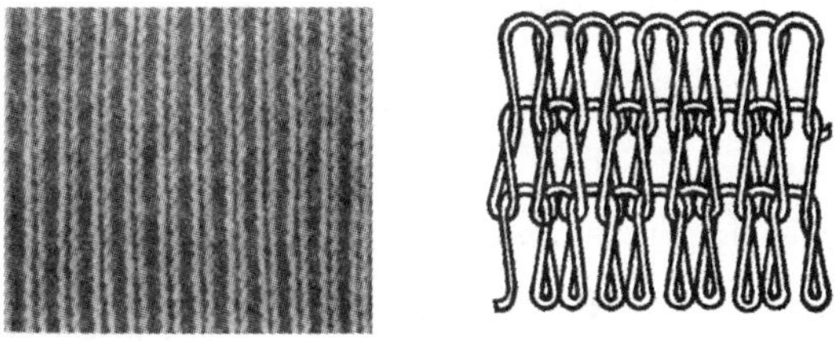

图 1-3-4　四平组织

（3）1+1 罗纹

又称单罗纹。应用于领口，袖口，下摆。

织针排列：前后针床一隔一，成交叉排列。

自由状态下，织物的两面都只能看到正面线圈的纵行，只有在拉伸的情况下才能看到被遮盖的反面线圈纵行。罗纹组织的这种特性使得罗纹织物蓬松柔软、具有较大的弹性和横向延伸性。由于 1+1 单针罗纹组织中的卷边力彼此平衡，因此不会发生卷边现象。1+1 单针罗纹只能沿逆编织方向脱散。该组织常用于毛衫的下摆、裤口、袖口等弹性要求高的部位

及衣片的起始横列。(图 1－3－5)

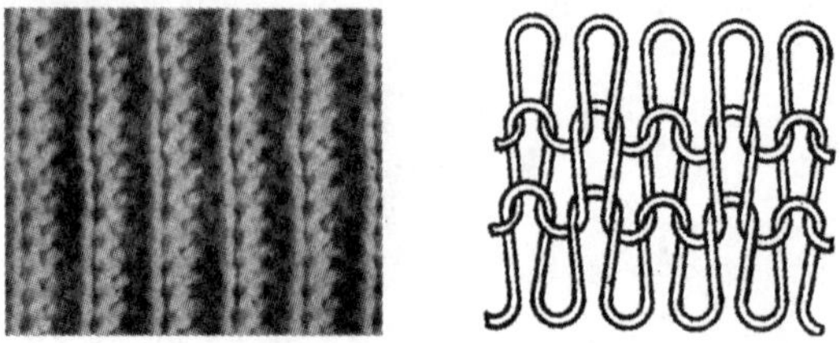

图 1－3－5 1＋1 罗纹

(4) 2＋2 罗纹

在双针床上编织，二隔二排针。

罗纹组织的特点：具有高横向延伸性和弹性，延伸性一般比平针织物大一倍。

罗纹织物的横向延伸性和弹性取决于一个完整组织中正反面线圈纵行数的不同配置，其中 2＋2 罗纹的横向延伸性最大，是毛衫下摆、袖口处常用的组织。除 1＋1 罗纹组织外，其他任何罗纹组织逆编织和顺编织方向都可以脱散，而且都具有不同程度的卷边性。罗纹织物还具有呈纵向凹凸条纹的外观，广泛被应用于女装的设计当中，其富有弹性的特点使得衣服穿着后纵向条纹随人体形态而变化容易衬托人体的自然美感。(图 1－3－6)

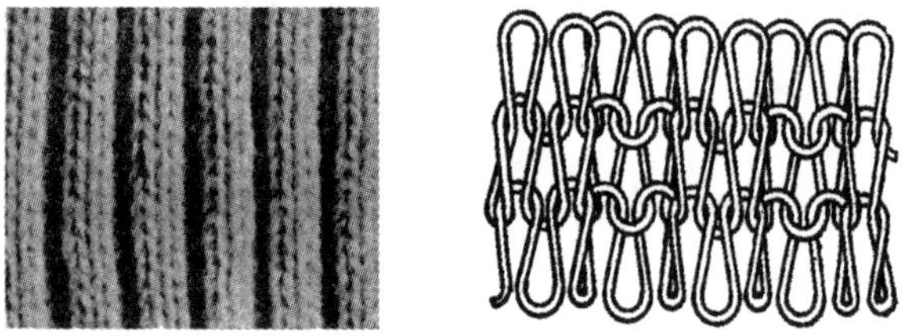

图 1－3－6 2＋2 罗纹

(5) 四平空转

又称罗纹空气层组织，是罗纹组织与平针组织复合而成的组织。可理解为一横列四平与一横列管状组织的组合。

特点：正反面的平针组织无联系，呈架空状态，比罗纹组织厚实，有良好的保暖性，横向延伸性小，形态较稳定。(图 1－3－7)

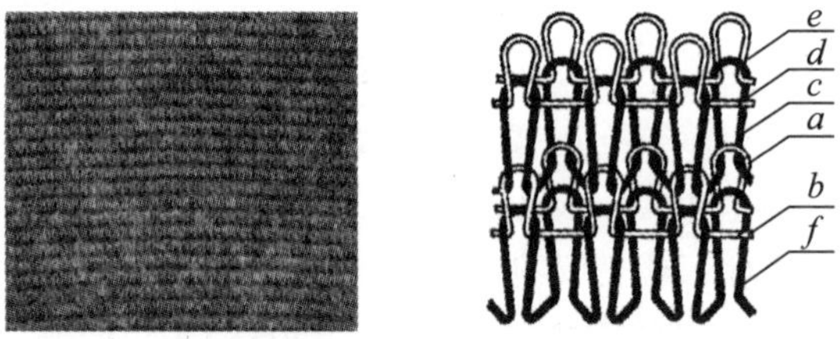

图 1－3－7 四平空转

(6) 集圈组织

单针床单面集圈织物，又称“平针胖花”。

在单针床上编织，织针排列，前针床上采用高低织针组合排列，排配比例视花型要求而定。

集圈组织的花色较多，适用范围广，利用集圈的排列及使用不同色彩和性能的纱线，可编织出表面具有图案、闪色、孔眼以及凹凸等效应的织物，使织物具有不同的服用性能与外观。但由于长线圈的存在，织物强力会受到影响，且易向横向扩展。集圈组织的脱散性较平针组织小，但容易抽丝。由于集圈的后面有悬弧，所以，其厚度较平针组织与罗纹组织大，集圈组织的横向延伸性较平针组织、罗纹组织小。(图 1-3-8)

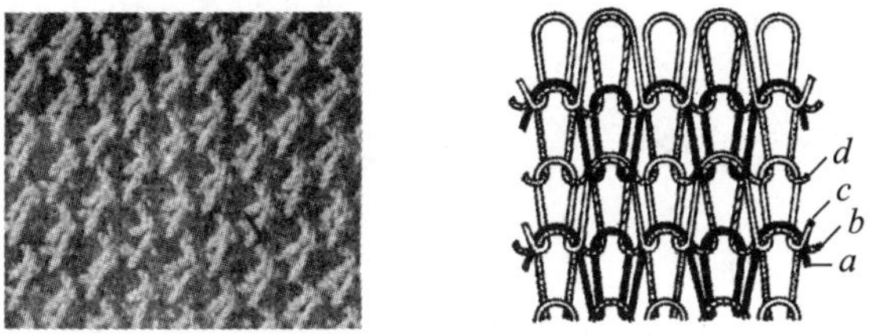

图 1-3-8 集圈组织

(7) 扳花组织

学名叫波纹组织，以移动针床的手段，使线圈产生交叉编织而成。

织针排列：后针床满针排列，前针床织针采用二隔六排针。编织方法同四平织物，三角全部参加工作。每半转扳一次，连续十次，转向再扳十次，复位，依次循环。

波纹组织织物的倾斜线圈是根据波纹花型要求，在横机上移动针床所形成，倾斜线圈按各种方式排列在织物表面，得到各种曲折花型和其他各种图案。用于波纹组织的基本组织是各种罗纹组织、集圈组织和其他一些双面组织。所采用的基础组织个同，波纹组织的结构和花纹也不同。

波纹类组织织物是通过反复左右移动后机床的位置，来得到纵向线条的类似波纹状的凹凸曲折的图案。折线的长度由织物的行数决定而方向由下机床的移动方向决定。采用的基本组织不同则可以改变织物的具体外貌。波纹类组织织物具有一定的厚度，变化丰富，常用于针织毛衫领口，袖口的装饰或也可为全身的编织图样。(图 1-3-9)

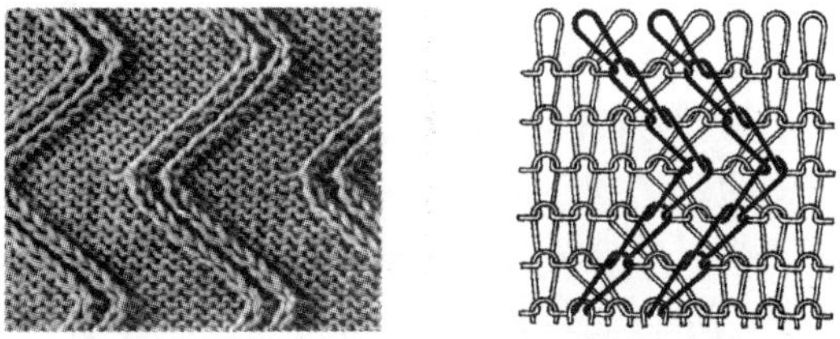

图 1-3-9 扳花组织

(8) 双鱼鳞组织

畦编组织织物俗称元宝针，一般在横机上以罗纹组织为基础，采用无脱圈(无弯纱法)编织的集圈织物。包括半畦编组织和全畦编组织两种。

半畦编织物俗称单元宝针。半畦编织物这种组织结构，一面全部是单列集圈，另一面为平针线圈。单列集圈的一面是编织一转形成一个横列;平针线圈一面是一转两个横列线圈,其中与单列集圈一面的旋弧同时编织的那一横列的线绷成圆形状,并覆盖着另一个横列的线圈。

全畦编织物俗称双元宝针。全畦编织物的两面线绷上都含有一只悬弧,而且,这种织物的两面都是一转一个横列。

畦编织物的性质与胖花组织基本相同,但由于形成集圈的方法不同,畦编组织织物上的旋弧比胖花组织小,畦编组织织物可以采用抽条和扳花等来增加花型。畦编组织织物由于具有丰厚、柔软、悬垂性好、外表美观等优点,因此,成为针织毛衫上常用的织物组织,通常用于设计婴儿、幼儿、及男女装套衫等。采用 1+1 罗纹排针所编织的畦编织物,由于其具有优良的悬垂性,因此常用做各类宽松毛衫的组织结构。(图 1-3-10)

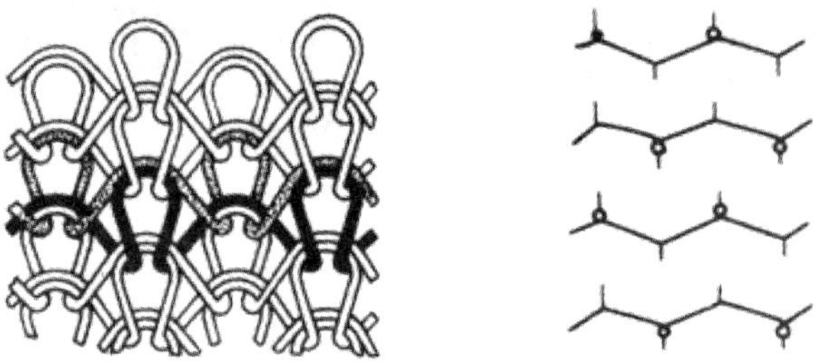

(1) (2)

图 1-3-10 畦编组织的线圈结构和编织图

(9) 提花组织

提花组织是按照花纹要求,纱线在线圈横列内有选择地以一定间隔形式形成线圈的组织,纱线在不成圈处,一般呈浮线留在织物的反面。单针床编织。

织针排列:满针。

特点:织物较厚实,不易变形,延伸性和脱散性较小,有良好的花色效应。

提花组织是将不同颜色的纱线垫放在按花纹要求所选择的某些针上进行编织成圈而形成的一种组织。

提花织物根据组织结构,可分为单面提花和双面提花两大类。提花组织形成的各种花型,具有逼真、别致、美观大方、织物条理清晰等优点。

嵌花织物又称单面无虚线提花织物,是指用不同颜色或不同种类的纱线编织而成的纯色区域的色块,相互连接镶拼成花色图案组成的织物。每个纯色区域都具有完好的边缘,且不带有浮线。组成纯色区与色块的织物组织除了可以采用纬平针、1+1 罗纹、双反面等基本组织外,还可以采用集圈、绞花等花色组织。(图 1-3-11)

(10) 空花组织

学名纱罗组织,又称挑花织物。是在纬编基本织物的基础上,根据花型要求,在不同针,不同方向进行线圈移位,构成具有孔眼的花型,因此,挑花织物又称起孔织物。挑花织物有单面、双面两种。

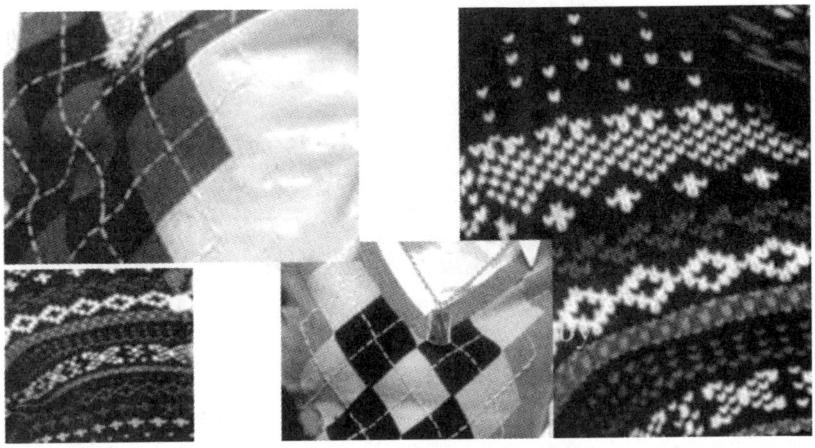

图 1－3－11　提花组织的效果图

单面挑花织物是指以单面织物为基本结构，按花型图案将线圈移圈而成的织物。利用自动机械或手工的方法按照花型示意图的要求进行移圈，这样在编织的过程中逐步移圈，便能织出这种单面挑花织物。

单面挑花组织的外观效果：单面挑花组织织物的制作是利用手工或机械转移线圈而织成，由于线圈被移开，织完下一行的时候，移开的部分显现出孔洞的效果。用机械编织单面挑花组织织物是利用机械来进行选针，利用单位长度里的循环移圈和各行之间的组合来达到出现规律性的镂空图案。根据不同的编织机类型，受到了横向针数的限制。手工编织单面挑花组织织物是在编织机上编织纬平针织物，需要出现花案的地方则由手工移动线圈，特点是可以完成针数较大的独立花型，但是对于重复性高的大面积挑花织物来说就比较费时费力。单面挑花组织织物具有轻便、美观、大方、透气性好等特点。挑花工艺还可以形成特殊的漏针效果，就是挑走了的针不补上，漏针处形成了长距离的连线效果。（图 1－3－12，图 1－3－13）

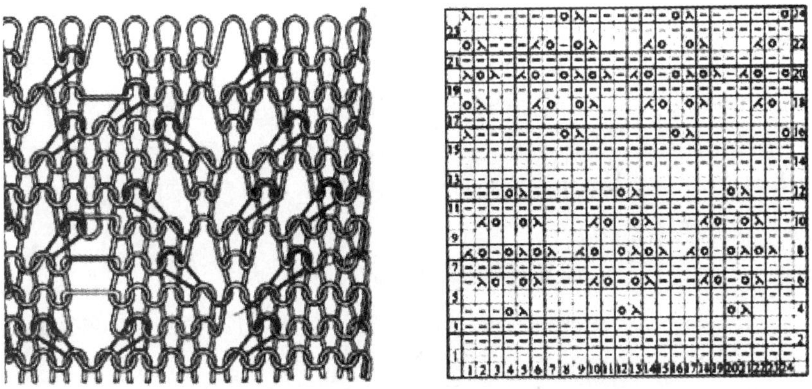

图 1－3－12　单面挑花组织的线圈结构图与意匠图

图 1-3-13 单面挑花组织的效果图

双面挑花组织织物是指以双面织物为基本结构，按花型图案将线圈移圈而织的织物。其花型常以单针床所编织为主，配以另一阵床上的织针进入编织，集圈或退出工作来得到花色效应。双面挑花组织织物比单面挑花组织织物的花型变化更丰富，其也具有轻便、美观、大方、透气性好等特点。这种组织结构可以用来设计极其具有女性化特征的服装。

(11) 毛圈组织

毛圈组织是由平针线圈和带有拉长沉降弧的毛圈线圈组合而成的一种花色组织。

结构单元：毛圈线圈、拉长沉降弧的毛圈线圈。

分类：普通毛圈和花式毛圈，花式毛圈又有单面毛圈和双面毛圈之分。

1. 普通毛圈组织

定义：普通毛圈组织是指每一只毛圈线圈的沉降弧都被拉长形成毛圈。

分类：有满地毛圈、正包毛圈、反包毛圈。

① 满地毛圈：把每一路每枚针都将地纱和毛圈纱编织成圈而且使毛圈线圈形成拉长的沉降弧的结构。非满地毛圈与之相反。

② 正包毛圈：地纱线圈显露在织物正面，并将毛圈纱线圈覆盖的一种形式。为防止在穿着和使用过程中毛圈纱被从正面抽出，尤其适合于要对毛圈进行剪毛的天鹅绒类织物。

③ 毛圈纱线圈显露在织物正面，将地纱线圈覆盖住，而织物反面仍是拉长沉降弧的毛圈。对正反两面的毛圈纱进行起绒处理，形成双面绒织物。

2. 花式毛圈组织(图 1-3-14,图 1-3-15)

定义：花式毛圈组织是指通过毛圈形成花纹图案和效应的毛圈组织。

分类：有提花毛圈组织，浮雕花纹毛圈组织，高度不同的毛圈组织等。

① 提花毛圈组织。每一线圈横列除了有地纱外，还有两根或两根以上的毛圈色纱。它可以是满地或非满地毛圈结构。

② 浮雕花纹毛圈组织。毛圈可以在织物表面形成浮雕花纹效应，为非满地毛圈结构。

③ 两种不同高度的毛圈组织。形成毛圈花纹与浮雕毛圈相似，不同之处，平针线圈由较低的毛圈来代替。

④ 双面毛圈组织。织物两面都形成有毛圈的一种组织。由三根纱线编织而成。外观效果：凹凸效应，花色毛圈组织出色彩图案外，毛圈仅在一部分线圈中形成，因此织物具有

较强的凹凸感。

图 1-3-14 单面毛圈组织线圈结构图

图 1-3-15 毛圈组织效果图

(二) 组织结构设计原则与应用技巧

1. 组织设计原则

针织毛衫的组织设计是整个毛衫设计的基础，它应考虑各种组织特性和款式及服用要求来进行。毛衫款式、配色相同，但织物的组织结构不同，其形成的花型款式和服用特性也不同。

(1) 熟悉织物组织特性

在进行毛衫组织设计时，首先必须熟悉各种织物组织的特性。如罗纹组织，它的横向具有较大的延伸性和弹性，只能逆编织方向脱散，不卷边，因此适宜做边组织，一般用来编织下摆、袖口、领口等处；同时，也可用来编织弹力衫或与其他组织配合形成各种款式的服装。

(2) 组织特性与毛衫款式及服用性要求结合

在毛衫的组织设计时，要能将组织特性与毛衫款式及服用性要求结合起来。如设计春秋裙装时，款式要求其织物应具有滑糯、悬垂性好的特点，因此，可选用纬平针及其他单面组织的织物；如冬季毛衫服装，应采用保暖性较好的组织，如空气层、毛圈、长毛绒等类组织。

(3) 服用场合

还需考虑毛衫服用场合，如用于工作服的毛衫，其织物可多采用基本组织；而用于休闲场合服用的毛衫，其组织可多采用花色组织及肌理风格突出的组织。

(4) 组织肌理与毛衫整体风格

毛衫时装化的要求促使在进行毛衫的组织设计时还须将组织肌理与毛衫整体风格协调起来。简洁的服装风格就要选择表面肌理效果比较平面的、花色不明显的组织肌理，相反，粗犷的休闲风格则要选择有丰富的立体效果的组织肌理来表现。

以上是设计所遵循的原则，但是随着后现代思潮也融入到服装设计领域，设计师们在进行组织设计时，可以对组织进行拼凑、随意拉散等破坏性处理，甚至在设计时，抛弃了服装功能性这一传统的原则，随心所欲。

当然实用的产品设计还是要遵循形式美法则，但每种产品的设计又不只是单纯的形式美，它依赖于与产品有关的其他内容，针织毛衫组织结构的设计也是如此，它的形式美是一种依存美，它的形式美设计还必须与毛衫服用功能、组织工艺操作可行性结合起来，才能成为实用的组织设计。

三、造型

服装造型是指服装在形状上的结构关系和穿上的存在方式，包括外部造型和内部造型，也称整体造型的局部造型。点、线、面、体，是一切造型的基本要素。

服装造型的总体印象是由服装的外部轮廓所决定的，它进入视觉的速度和强度高于服装的局部细节。服装的造型是由轮廓线、结构线、零部件线及装饰线所构成，其中以轮廓线为根本服装造型的，是服装造型的基础。针织毛衫相对于其他针织服装和梭织服装而言，它有很大的特殊性。在设计方法，设计元素，工艺设计方面，都有其独自的一个体系。这些特殊性决定了其造型的变化多样。

（一）针织毛衫的外轮廓造型

廓型，又称轮廓线或造型线（silhouette）。意思是侧影、轮廓，是服装抽象了的整体外型。服装的外轮廓是指穿上服装后整个人体的外在形状，是服装被抽象了的整体外型。它是服装造型的基础，它摒弃了各局部的细节、具体结构，充分显示了服装的整体效果。轮廓线必须适应人的体形，并在此基础上用几何形体的概括和形与形的增减与夸张，最大限度开辟服装款式变化的新领域。针织毛衫的外轮廓不仅表现了服装的造型风格，也是表达人体美的重要手段。

针织毛衫的造型，就是借助于人体基础以外的空间，用原料特性和制作工艺手段，塑造一个以人体和原料共同构成的立体的服装形象。

针织毛衫廓型基本以字母型和物态型表示法最为多见，它们具有简单明了，易识易记的优点。另外还有几何形、体态型等表示法，但相对用量较少。

1. 字母型

以字母命名服装廓型是法国服装设计大师迪奥首次推出的。从服装史中可以看出，轮廓线的变化是丰富多彩的、千姿百态的，但归纳起来无非是 H 型、A 型、T 型、X 型等，而且都已成为当前时装设计的典范。其他廓型都是在这些廓型的基础上演变或综合它的特点进行设计的。

(1) H 型

H 型廓型也称矩形、箱形或桶形，整体呈长方形，是顺着自然体型的廓型，通过放宽腰围，强调左右肩幅，从肩端处直线下垂至衣摆，给人以轻松、随和、舒适自由的感觉。H 型服装具有修长、简约、宽松、舒适的特点。（图 1－3－16）

(2) A 型

A 型廓型也称正三角外形，主要是通过修饰肩部，夸张下摆线而形成的，由于 A 型的外轮廓线从直线变成斜线，从而增加了长度进而达到高度上的夸张，是一般女性喜闻乐见的，具有活泼、潇洒、流动感强和充满青春活力的造型风格。如大衣、无袖连衣裙，婚纱类服装等。（图 1－3－17）

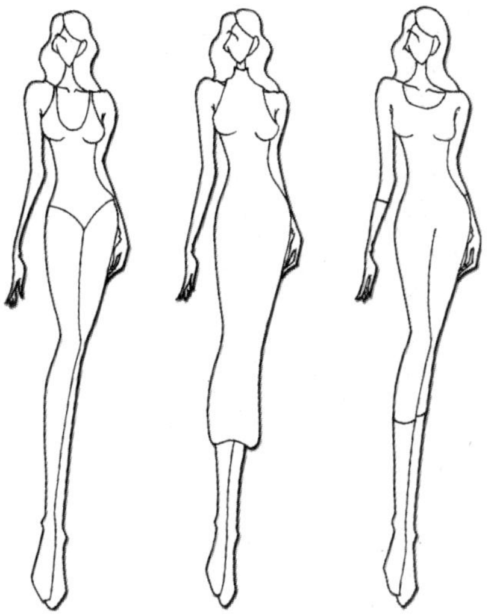

图 1-3-16 H 型廓型

图 1-3-17 A 型廓型

(3) T 型

T 型廓型类似于倒梯形或倒三角形，其造型特点是强调肩部特征、下摆内收形成上宽下窄的造型效果。T 型轮廓线具有庄重、健美、力量的象征，亦具有大方、洒脱的气概，适合男子穿着。二次大战期间曾作为军服式的 T 型廓型服装在欧洲妇女中颇为流行。(图 1-3-18)

(4) X 型

X 型廓型的线条是最具女性特征的线条，其造型特点是根据人的体形塑造稍宽的肩部、收紧的腰部、自然的臀形。X 型线条的服装具有柔和、优美、女人味浓的性格特征。如图 1-3-19所示在淑女风格的服装中这种线型用得比较多，在针织毛衫中比较合体的紧身毛衣是典型的例子，特别是坑条的细针毛。

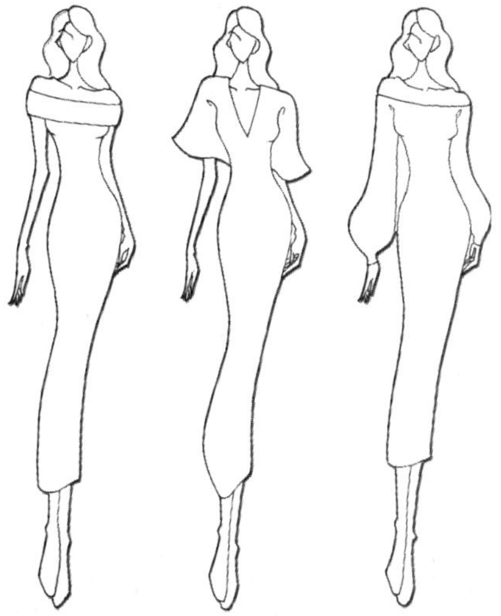

图 1-3-18 T 型廓型

图 1-3-19 X 型廓型

毛衫结构的变化含整体结构变化和局部结构变化。整体结构的变化也是基础造型的变化,以 H、A、T、X 这几种基础的字母造型为核心,可变化出千姿百态的造型来。

2. 几何型

轮廓线必须符合人的体形,在此基础上用几何形体的概括,并加以增减与夸张的手法来开辟针织毛衫款式变化的新领域。服装是以人体为基准的立体物,是以人体为基准的空间造型,因此必然要随着人体四肢、肩位、胸位、腰位的宽窄、长短等变化而变化,即受人体基本形状的制约。就设计师而言,由于对人体的观察角度不同,对廓型的构思也不同。从几何形的角度说,它可以概括为"圆柱体"、"正圆锥体"和"倒圆锥体"等在此基础上,还可以运用多形体的组合、套合、重合、增减、方圆体的转换组合等现代立体构成的基本方法来变化服装立体的基本形。

3. 物态型

服装设计师,必须具备丰富的想象力和独特的创造力。设计师在设计一件毛衣时可以先把它的外轮廓抽象为腰鼓型、火炬型、喇叭型、郁金香型等,再进行深入的细部设计。

这里将目前较为常见的物态型服装外轮廓造型分述如下:

(1) 腰鼓型

状似竖立起来的腰鼓,中间膨胀的头较小。此廓型多为隆起式的连衣裙。20 世纪 90 年代流行的蚕茧式的设计,即属此种廓型。

(2) 火炬型

主要通过上衣下装的搭配来体现,宽而短的上衣与窄裙相配,是这一廓型的装饰典型。在设计时,要求肩线自然,裙摆要紧束收拢才能达到较好的效果。

(3) 喇叭型

廓型整体呈上紧下松的喇叭裙,裙摆可大幅地展开。其特点在于裙摆的处理,上身和腰线则不甚强调,显得自然潇洒。

(4) 郁金香型

整体的装饰造型象一枝含苞欲放的郁金香,流行的一步裙就是这一廓型的典型款式。

(5) 葫芦型

由两条对称的曲线构成,有上大下小和上小下大两种形式。适用于女性服装,我国民族服装中的旗袍就是采用这种廓型。

(6) 鹅蛋型

浑圆的肩膀向下摆慢慢收窄,形成椭圆形的轮廓。由于廓型呈外弧线,有一种膨胀和扩张的感觉。

(二) 针织毛衫的内部造型设计

1. 针织毛衫的分割处理

分割是针织服装内部造型布局的重要手法,其目的是使衣服便于开启和穿脱,同时使部位与部位、部位与整体之间产生间隔与节奏感,在保证符合比例美的前提下,增强服装的层次感和立体感,增强装饰效果,使衣服更加适体美观。

2. 分割的种类

针织服装的分割线是具有结构与装饰双重性质与功能的线条。它通过比例剪割、抽裥收缩、翻折叠和、分层组合等工艺处理方法，达到各种不同的艺术效果。一般常见的有纵向分割、横向分割、斜向分割、交叉分割、弧线分割等。

(1) 纵向分割

是在平面上作一条竖向分割线，引导人们的视线做纵向移动，给人以增高感，同时平面上的宽度感也有所收缩，这是服装分割中最常见的线条之一。

纵向分割具有修长、挺拔、崇高感和男性风格，在女装上则有亭亭玉立的感觉。多用于正式场合，同时因纵向分割具有高度感，最适合于矮胖体形的人选用。纵向分割线一般用于结构线、装饰线、装饰结构线和褶裥线，适合于直筒式、帐篷式、公主线型和卡腰式的服装。

(2) 横向分割

是在平面上作一条水平分割线，引导人们的视线做横向移动，使平面有增宽感，也是服装分割中较常见的线条。

横向分割，具有宽阔、平稳、柔和感和女性风韵。在男装上则有雄健、稳重的效果。在女装设计中，横向分割线不仅可作腰节线，还可作装饰线，并加滚边、嵌条、缀花、蕾丝、荷叶边、缉明线或用色块镶拼等工艺手法，取得活泼、可爱的艺术效果。突出表现横向分割线的艺术视觉效果，使针织服装在外观上协调一致。

(3) 斜向分割

斜线的倾斜程度是决定分割效果的关键。一般可在胸、肩、臀、衣领、衣袖、裙摆等部位作斜向线的分割。斜向分割线具有轻快、活泼、动静结合的特点。斜向分割线可呈对称或非对称。

斜向分割，具有活跃、轻盈、力度感和动感效果。运用斜线的不同斜度可创造不同的外观效果，接近垂直线的斜向分割具有增高感，适用于矮胖者的服装分割；接近水平线的斜向分割具有增宽感，适用于高瘦者的服装分割；45°倾角的斜向分割既有轻快活泼感，又能掩盖体形的不足，具有胖人显瘦而瘦人显胖的效果。

(4) 图形的交叉分割

是指服装上的两条或两条以上的线相交，把服装分割成三个以上的几何线条。交叉分割线的艺术效果是一种视觉上的综合效果，它好比人的动作姿态所造成的各种各样的美感，给人以无穷的艺术魅力和无限的想象力。

交叉分割的应用效果多种多样，既有活泼感又有稳重感，要灵活运用。

(5) 弧线分割

是通过弯曲线条的规则或不规则的表现形式，把服装分割成若干几何图形的线条。弧线分割，具有柔软、丰盈、温柔感和女性风韵。多用于女装设计，能产生优雅别致的效果。

(6) 自由分割

是不受纵、横、斜、弧分割类型的影响，可以自由的分割划分，并达到多种分割的自由统一的效果。自由分割包括波状线、螺旋线等较活泼、自由、富于变化的分割线。

自由分割，具有洒脱、自如、奔放感和多变性。它强调个性，突出风格，是多分割线的综合运用，可以自由选择配置分割的比例和形式，通过连接、转换使服装造型更丰富多彩，但要注意遵循形式美法则，避免造成比例失调或线条混乱。

3. 针织毛衫的结构线设计

服装结构线，是构成服装组织结构和部位规格的基本线条，是服装各部件有机组合完整配备的机构成分的统称。结构线在服装上表现为各种缝合线、省缝线、肩缝线、袖窿线、褶裥线等，既是衣服裁片的连接线，又是其分割线。它往往与人的形体结构相呼应，与服装的形状直接相关联。主要包括省道线、褶裥线等。

针对针织毛衫的特殊性，与梭织等其他服装相比其结构线相对来说要少一些，有些甚至没有，但这些结构线也起着非常重要的作用。针织毛衫中的省道线、褶裥线虽然外形都不同，但在构成服装时的作用是相同的，就是使服装各部件结构合理、形态美观，达到适应、美化人体的效果。

4. 针织毛衫的装饰线设计

服装的装饰线是指对针织服装造型起到艺术点缀修饰美化功能的线条。按其属性可分为艺术性造型装饰线和工艺性造型装饰线。前者表现为服装款式上具有装饰功能的直线、横线、斜线、曲线、折线、交叉线、放射线、流线、螺旋线等，还有配色线、凹凸线、光影线、图案线、抽象线等；后者表现为服装款式上具体的覆肩线、镶嵌线、拼接线、车缝或手缝明线以及抽裥线、叠裥线、花边线、拉链装饰线等。装饰线虽然与结构线、分割线紧密相关，但在本质上是不相同的，它是充分体现艺术点缀修饰美化功能的线条，从而增添服装造型的整体美感，特别在当今时装上应用很广泛。

针织服装的构成设计中，既要重视服装的前半身又要注意后半身及侧面的布局，避免造成后半身单调乏味，前后失调。服装的前后半身的造型，既要有主次变化，又要协调呼应。服装后半身造型布局要根据人体的肩、背、腰、臀、腿等部位的特征，服从整体造型。而侧面造型，是表现服装立体感的重要部位。

(三) 针织毛衫的局部造型设计

就服装的整体而言，是一个统一的，有独立品位的对象。但任何一个整体，均由许多局部而组成，局部是依附于整体而存在的。整体和局部都有各自的独立性。在针织服装设计中，服装造型是包含人体在内所组成的一个整体，其中，衣领、衣袖、口袋、下摆（衣摆、裙摆、裤摆）、门襟、衣衩以及服饰配件（如领带、腰带、钮扣、鞋帽等）等的局部组成了服装局部的变化，同时也影响着整体的风格变化。局部造型在产生服装外形轮廓造型的基础上运用美学形式法则，对服装某些局部进行适当的造型设计处理，使其与整体造型协调统一。

1. 领型设计(图 1-3-20，图 1-3-21)

(1) 领的分类

针织服装，特别是实用类的针织服装款式造型如何，其衣领起着决定性的作用。“一衣领为首”。可见，领型在服装造型中的地位。衣领在结构上可分为领口和领子两个部分。领

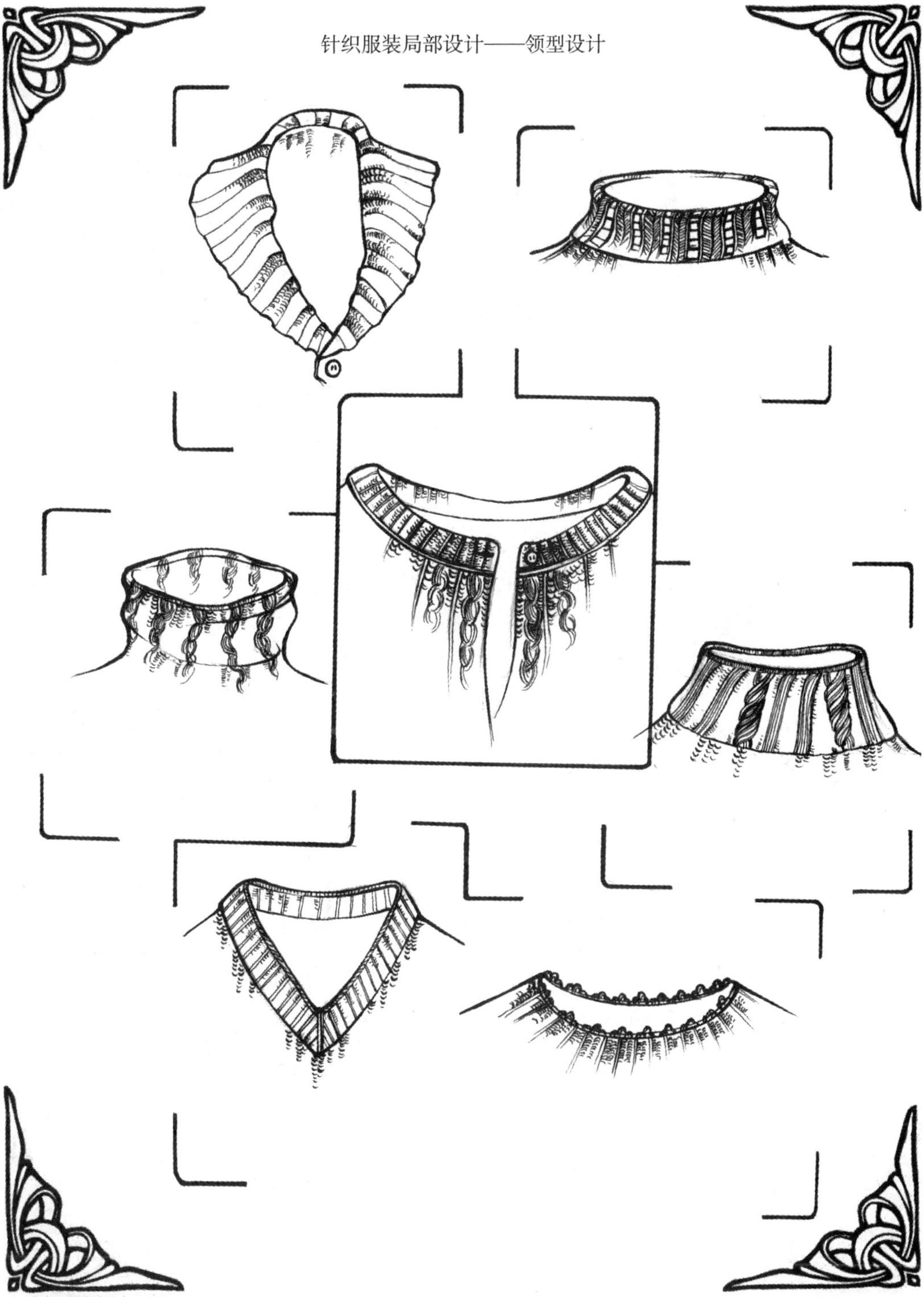

图 1-3-20 多种毛衫的领型设计

图 1-3-21 多种毛衫的领型设计

口是衣身部分空出脖颈的那个口子，裁剪上称为领窝。各种形状的无领衣服实际上是领窝的变化。而在领窝（或领口）上的独立于衣身之外的部分，通常称为领子。衣领的构成因素主要是领口的形状、领角的高度和翻折线的形态、领面轮廓线的形象以及领尖的修饰等。由于衣领的形状、大小、高低、翻折等的不同，形成了各具特色的针织服装款式。

针织服装衣领的式样繁多，造型千变万化，分类和名称说法不一。

按领子的高度可分为：高、中、低领；

按幅度可分为：大、中、小及无领；

按形状可分为：方、圆、不规则领；

按穿法可分为：开门、关门、开关领；

按结构则可分为：挖领、添领两大类。

挖领包括无领和在领窝上加装不翻的领边而形成的领型；添领则是在针织服装的领圈部位添置各种形状的领子，其主要分为开领和关领。

(2) 领型与人体的关系

领型的设计要结合人体的体型、脸型、颈部的长短和粗细、肩阔造型、胸部造型等各方面因素。通过领型设计，对人体造型做到扬长避短，使瘦弱者变得匀称丰满，使颈部过长/过短者向正常体型靠拢，使人体各部分协调美观。

在设计过程中，因人的颈部有长有短，所以一般领圈的设计要根据颈部的具体情况而定。颈部较长的，领脚应开高一点，以升高的领子掩盖颈的部分面积，进而减弱颈部的过长感，如立领、关门领，或在领口关门处设计装饰物，缩短头颈的延伸部位等。颈短的则与此相反，领型可设计成袒领、驳领、无领或前开领尽量开低，以增加颈部的延伸度。对于颈前倾者，根据正中线，领圈也要前移，不然后背会翘起来。对于运动服开领圈时，要适当后移，前领脚开高，后领脚开低，衣服就不会前翘。

衣领的设计还需考虑到其他方面的因素。例如，肩阔的人，领阔也相应设计的宽一些，减少小肩部裸露面；肩窄的，领阔也要窄一些，使小肩与领阔通过阔度的对比显得匀称，或者用荷叶边的装饰手段加宽小肩阔度造成视觉上的错觉；大 V 领能使圆脸的显瘦和变得有精神；胸围大、偏胖者领型设计要求简洁，领阔和驳口阔度要适中，过宽或过窄都会使人显得更胖，领阔和驳口阔一般为前胸阔的 1/2 左右；偏瘦者，可采用双叠门或荷叶领，领型和门襟装饰可以设计得丰富多彩一些，使穿着者显得丰满、健壮一些。

衣领的设计，还要充分考虑衣料的色彩，并加以适当的装饰，如花边、打褶、滚边、重叠等。衣领设计要符合流行趋势，紧贴国际潮流，适应针织服装风格，根据多样统一的原则处理好主次关系，使服装整体设计具有鲜明的特色和风格。

2. 袖型设计(图 1-3-22)

针织服装的袖型与领型一样，在设计中占有重要的地位，对服装效果的影响很大。因此，我们在设计袖型时，必须考虑款式造型和人体特点，将两者的设计有效地结合起来，才能设计出适宜的袖型。

袖子是包裹肩和手臂的服装部位，与领子一样也是针织服装款式变化的重要部位，它既

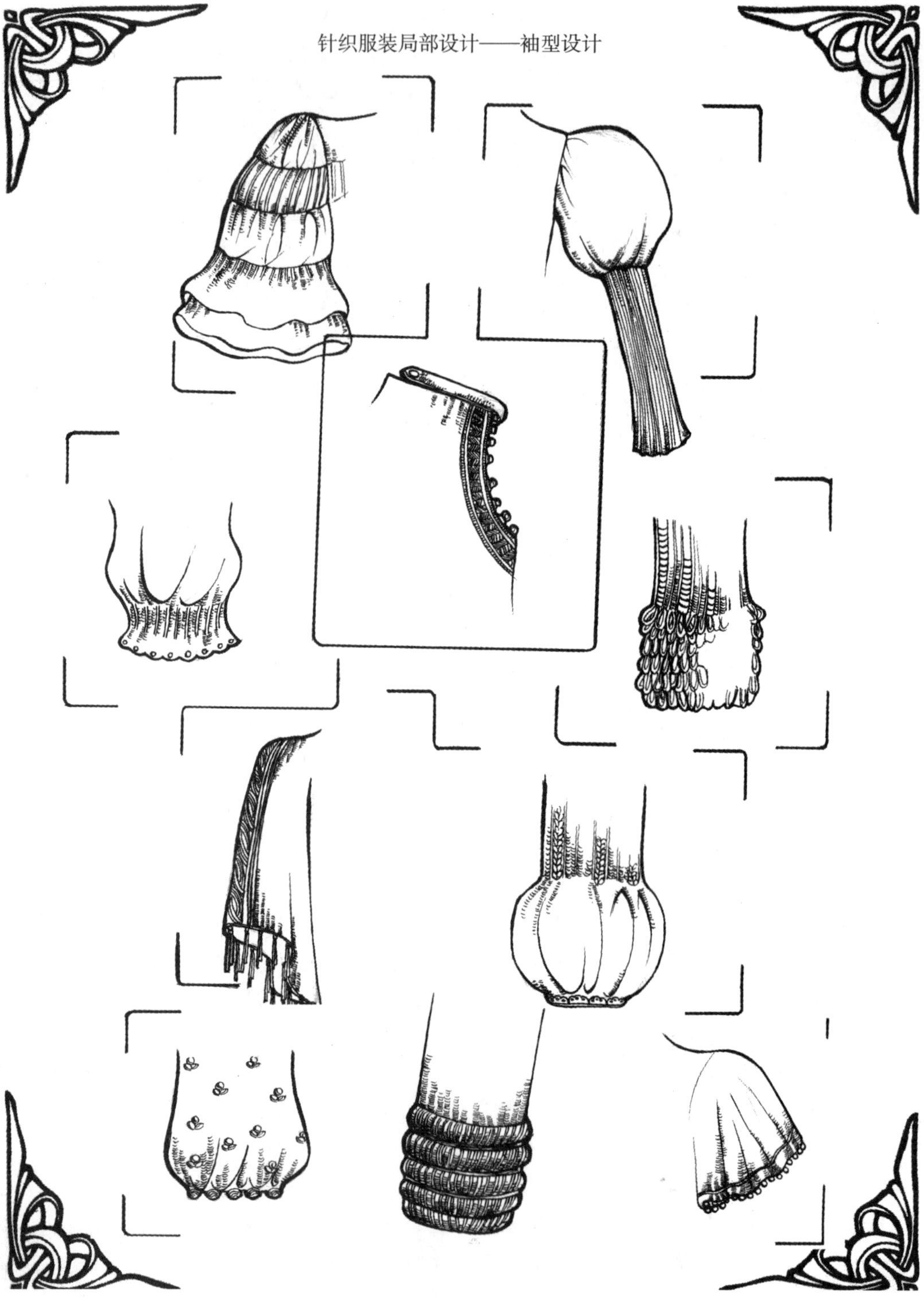

图 1-3-22 多种毛衫的袖型设计

有调节寒暑的作用又有装饰的功能，更富有机能性和活动性，由于袖子穿在身上随时都需要活动，因此它的造型除了有静态美之外，更需要有动态美，即在活动中的一种自由舒适的美感。袖子由袖山、袖身和袖口三部分组成。袖型的变化主要由袖山、袖身和袖口的造型变化，再配合多变的装接缝纫方法而构成。衣袖的造型，随着袖肩、袖身、袖口及装饰等因素的变化而变化，其中包括：袖窿位置、形状、宽窄（深浅）的变化；袖山高低、肥瘦、横向分节、竖向分节、抽褶的变化；袖口大小、宽窄、口型、底边的曲直斜、开门方式、开门位置、开门长短、边缘装饰及卷轴的变化。其中最关键的一点是要把握住袖型的变化规律。一般情况下，袖子的长短、肥瘦都呈周期变化，只有把握其周期变化规律，才能设计出流行的袖型，国际上袖型变化的周期一般为 5 年左右，近来又有周期缩短的趋势。

按袖子的形状可分为八大类：

① 普通衬衫袖，裁剪时均为独幅一片式袖；

② 铃形袖，像铃的造型一样，上小下大，也称为喇叭袖；

③ 灯笼袖，袖山与袖口两端收束，中间蓬松；

④ 泡泡袖，袖山蓬松隆起，下端袖口一般不收；

⑤ 西装袖，袖山深比衬衫袖高得多，分大小两片式袖子进行裁剪；

⑥ 中装袖，袖子和大身相连，大身无肩斜，袖中线和肩水平；

⑦ 连袖式，大身有间歇，袖中线和小肩斜角线圆顺相连；

⑧ 无袖式，将大身袖窿作为出手口，或是略放长小肩和前胸宽，成为极短的连袖式，外观仍是无袖式造型。

按袖子的长度可分为四大类：

① 连袖，又称连衣袖，袖子和大身相连，不需要装袖；

② 装袖，袖子和大身是两个部分，通过装袖工艺将袖子和大身连为一体；

③ 插肩袖，插肩袖的肩部与袖子是相连的，由于袖窿开得较深直至领线处，因此，整个肩部即被袖子覆盖；

④ 无袖，是肩部以下无延续部分，也不另装衣片，而以袖窿作袖口的一种袖型，又称肩袖。

3. 门襟和下摆设计(图 1-3-23)

门襟主要用于针织服装中的男、女、童装开衫的叠门处，既可扣钮扣、装拉链，又起到了装饰作用。门襟在长短上可分为通开襟和半开襟。通开襟是门襟直开至摆底，半开襟一般为套头衫。门襟的形式较多，主要呈条带状，门襟带所用织物组织一般为满针罗纹的直路针或 2＋2 罗纹的横路针，也可用 1＋1 罗纹、畦编、波纹、提花、绣花等。门襟的种类很多，归纳起来按造型分为对称式和不对称式门襟两大类。对称式门襟是以门襟线为中心轴，造型上左右完全对称。这是最常见的一种门襟形式，具有端庄、娴静的平衡美；不对称式门襟，是指门襟线离开中心线而偏向一侧，造成不对称效果的门襟，又叫偏门襟。这种门襟具有活泼、生动的均衡美。

门襟是针织服装布局的重要分割线，也是服装局部造型的重要部位。它和衣领、钮扣、

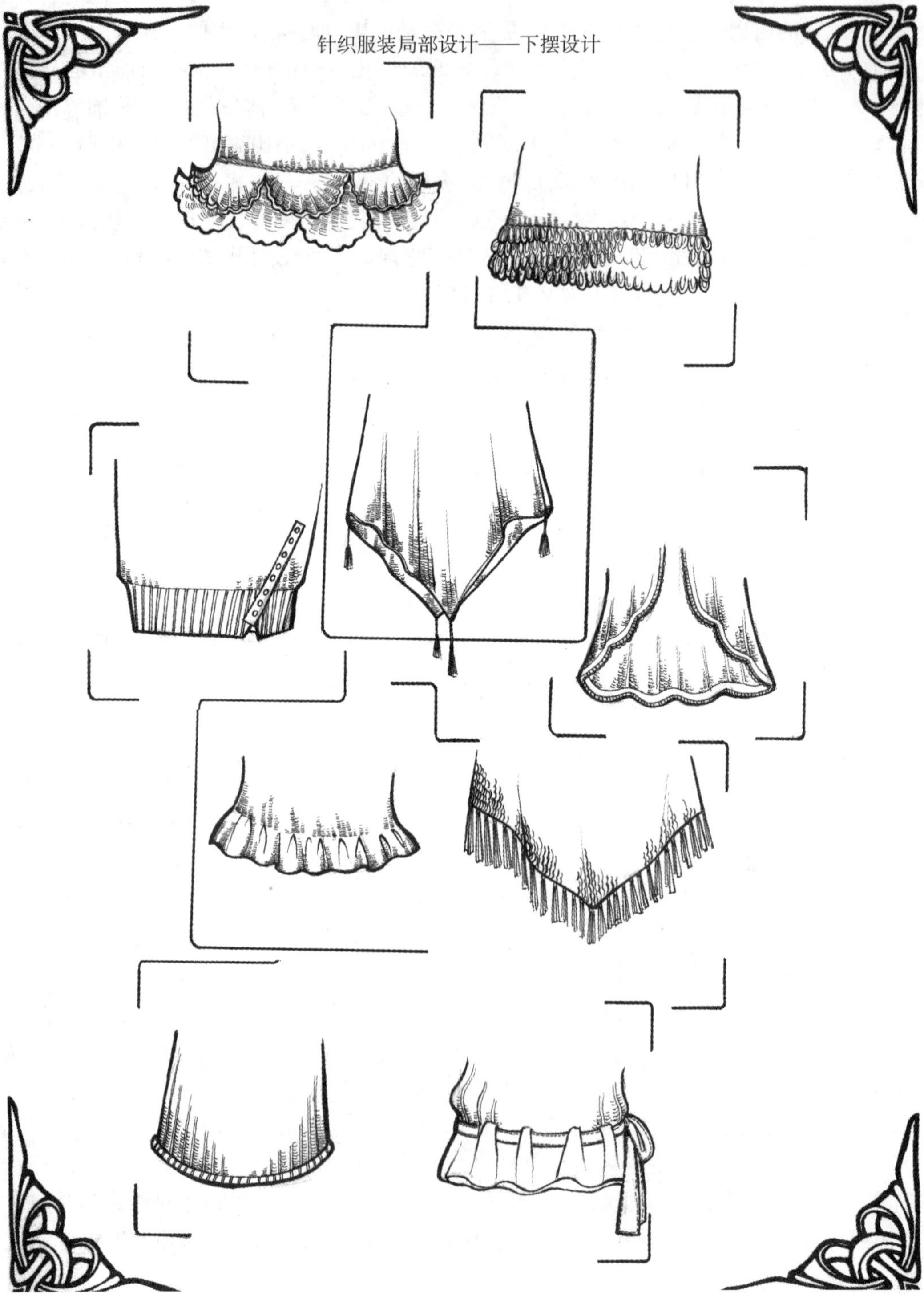

图 1-3-23 多种毛衫的门襟和下摆设计

搭袢互相衬托，和谐的表现服装的整体美。门襟还有改变领口和领型的功能，由于开口方式不同，能使圆领变尖领，立领变翻领，平领变驳领等。门襟与钮扣的不同配置，使服装产生严肃端庄、稳健潇洒、轻盈活泼的不同效果。针织服装上门襟必须按照服装的款式、组织结构、服用要求等进行合理有效的设计，在设计中既要考虑门襟的平整、挺括、不易变形，又要注意其装饰效果，以穿脱方便，布局合理，美观舒适为原则。

针织服装的底边称为下摆，它的变化直接影响到服装廓型的变化，而下摆线(底边线)是服装造型布局的重要横分割线，在旋律中常常表达一种间隙或停顿。其造型通常由紧身型、A 型、H 型、O 型四大类。针织服装的造型设计应与服装的整个外轮廓造型相协调，并服从于外轮廓造型。下摆的形式有直边、折边、包边三种，直边式下摆是直接编织而形成的，通常采用各类罗纹组织和双层平针组织来形成；折边式下摆是将底边外的织物折叠成双层或三层，然后缝合而成；包边式下摆是将底边用另外的织物进行包边而形成。

针织服装中裙装的下摆是服装基本面和体的比较特殊的造型内容。它是空间和动态的总和，具有明显的造型特征。按其形状可分为宽摆、窄摆、波浪摆、张口摆、收口摆、圆摆、半圆摆、扇形摆等。按其工艺装饰特征可分为叠裥摆、环形波浪摆、花边装饰摆、开叉摆、缀花摆等。裙摆的设计往往可成为裙的艺术视觉中心，产生优美的动态感。

4. 口袋设计

在服装上，口袋具有存物和装饰的作用，口袋设计是针织服装设计领域中的一个重要组成部分，是时装潮流发展的重要特征。各具形态的口袋造型设计美化了服装款式，增添了各种情趣，也提高了服装的实用性，借助于口袋位置、形态的变化，可使服装具有新奇感。在口袋的设计中，要注意口袋在服装整体中的比例、位置、大小和风格的统一，也就是说，袋型要服从整体和各部分的需要，成为它们的装饰成分，起到画龙点睛的作用。

服装口袋造型无论如何变化，按服装制作工艺归纳起来仅分为三大类：插袋、挖袋、贴袋。

在口袋造型设计中，需根据功能与审美的要求，结合服装的领边、门襟边、下摆边、袖口边和整体造型进行构思，同时要运用形式美的法则，从而做到均衡、相称、统一、协调一致。

各种袋形的设计，要便于人手和手臂的活动；衣袋位置的设置，要有利于手的插入角度和高度，既便于伸缩自如的放、取物品，也能让手得到舒适的休息。袋口的方向、口袋的大小和袋位的高低要符合功能性和形式美的要求。不同服装品种对衣袋造型有不同的功能要求。一般情况下，男装的实用性强一些，女装则装饰性强一些。

由于针织面料的特殊性，一般毛衣、内衣、薄的针织衫等都不加口袋；而针织外衣、运动服、旅游服等则可以根据上述的基本原理设计口袋。现代服装的衣袋的实用性在降低的同时，其装饰性却在不断增加。衣袋的装饰手法很多，有挑、补、绣、缉线、衍缝、抽褶、镶边、搭袢、拉链、袋中袋、袋叠袋等。

5. 装饰配件设计(图 1-3-24)

在针织毛衫中装饰配件设计的运用也很重要，还可以将镶、嵌、贴等工艺装饰手法运用于针织毛衫衣片的接缝处，如领口、袖口、门襟、下摆等边缘处，来增加实用性和装饰性。除

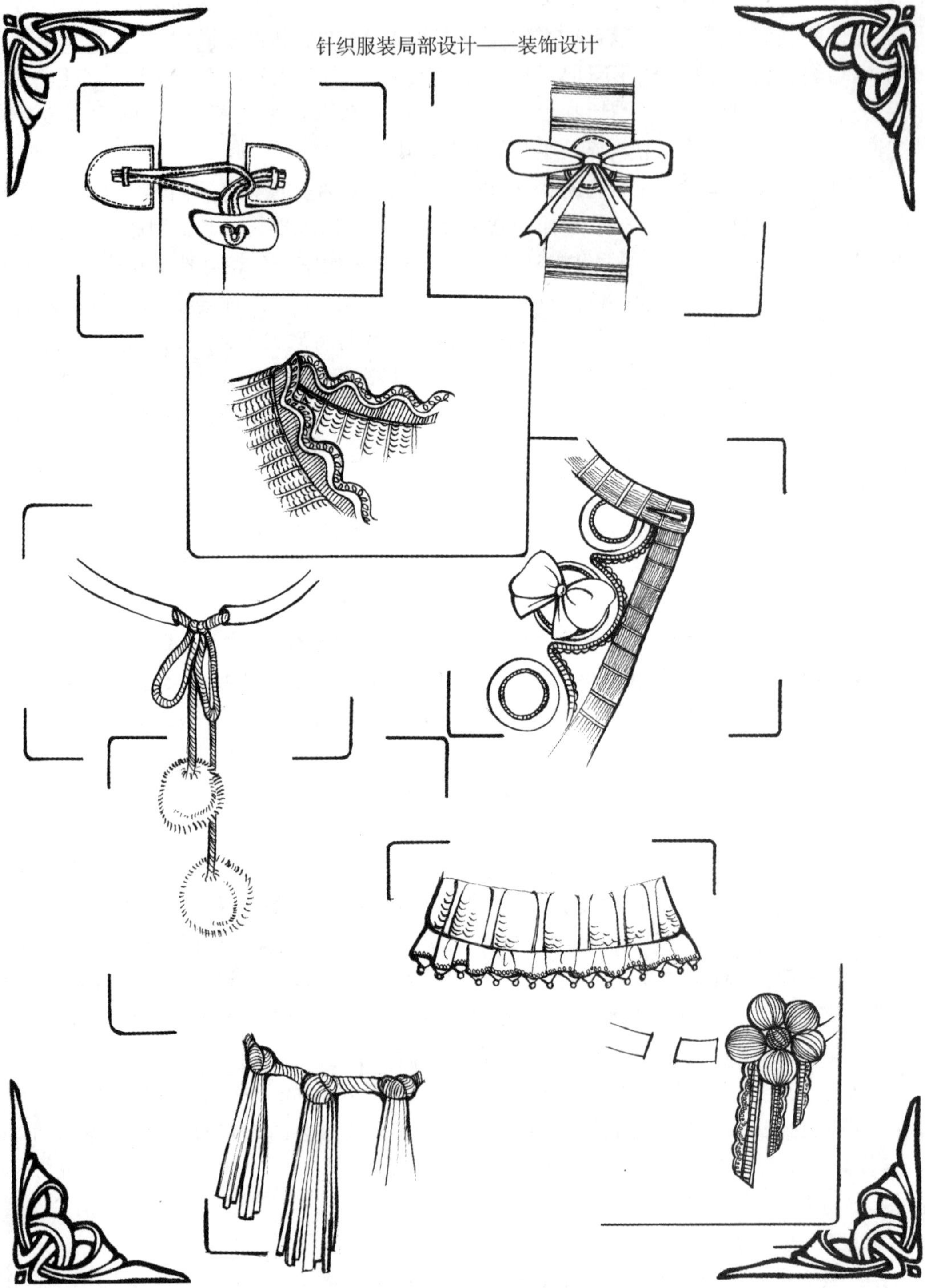

图 1-3-24 多种毛衫的装饰设计

此之外，在后期工艺中还可以用水钻、珠片、绒线球等外加的装饰物对简洁的针织毛衫进行增色，使针织毛衫时尚化的路线更加明显。

针织毛衫的装饰手段有：钮扣、拉链、抽带、镶边、刺绣、珠饰、钩花、流苏、贴布绣、开衩等等。这些配件的选择和应用应要与服装的色彩、款式、服用对象等结合起来，既要有对比、又要有整体协调。以下介绍几种在毛衫设计中较具代表性的实例：

(1) 钮扣

钮扣在针织服装造型中能起到点缀、平衡和对称的作用，还可以集中人们的视线。一件平淡无奇的衣服，只要配上几颗新颖别致的钮扣，就立刻能生色增辉：黑色的毛衣上配上白色的珍珠扣，别致而典雅；大小不一的彩色扣子给整件毛衣添色不少。

钮扣的种类和形状很多，大致可分为开启钮(有扣眼和扣襟)、按钮(不需要扣眼)、装饰钮(没有开启作用)三大类。按材质可分为贝壳扣、水钻扣、木质扣、有机玻璃扣、塑料电镀扣，聚酯扣、皮扣、金属扣等不同材质的钮扣。按形态可分为方、圆、长、菱、凹、凸等几何形状，另外还有仿各种动、植物造型的钮扣以及用本身坯布包裹的包钮，等等。

(2) 拉链

拉链在近几年来的针织服装中已成为使用频率最高的休闲运动装饰元素之一。拉链是代替钮扣起开启和装饰的作用的服饰配件，一般可分为：开尾式拉链、封尾式拉链和隐形拉链。如在一件素色的针织毛衫上加上一条装饰拉链，不仅能起到连接衣片的作用，还能对服装的着装效果起到画龙点睛的作用。当拉链作为分割线时，给人以活泼、富有动感的感觉。装拉链的服装具有简洁、方便、随意的特点，多用于运动服、工作服和日常的生活服。

(3) 刺绣

刺绣是用线和针把设计和制作添加在任何织物上的一种艺术，刺绣是一种在已经织好的织物上再创作的艺术，它不仅仅是针线和颜色的添加，还能给人以全新的感觉。刺绣是针织毛衫中常用的一种装饰手法，主要表现为：与衣身同料同色、同料异色、异料异色的平面刺绣；与梭织面料相结合的贴布绣；有填充物的立体刺绣；服装面料以外的珠子、鳞片、绿松石等有特色的刺绣。

(4) 抽带、系带

抽带和系带在针织毛衫中的运用大多是集实用功能与装饰功能为一体的，常常能通过一条小小的带子营造出你意想不到的多种效果，这就是绳带的神奇所在。绳带运用的部位不同所形成的效果也不同，细细的绳带缠绕在肩膀、领口、袖口或是臂膀上，风格独具的腰带围绕在细腰上……“带”出來的时尚不断刺激着我们的眼球，同时也使崇尚个性的女孩过足了时髦瘾。抽带、系带、捆绑是“带”时尚的三种基本表现方式。

(5) 流苏、荷叶边、蕾丝

轻柔的蕾丝、飘逸的丝带、层层的荷叶边、美丽不羁的流苏常常是柔美女装的代名词。在针织毛衫设计中，这几个元素可以单独存在也可同时运用在一件衣服上。

流苏在民族风情的毛衫上运用得较多。细细长长的流苏在裙边、袖口、衣角、腰带上运用得特别抢眼。长长的流苏，把一件平常的毛衫点缀得浪漫动人。

优雅的丝带、层层的荷叶边与毛衫搭配，显现出浪漫与飘逸。层层叠叠的荷叶边，再加上一些特殊的组织结构运用在袖口、领口、下摆等不同的位置显现出不同的浪漫与优雅。

蕾丝在人们的印象中一直运用在内衣、家居服，除了在婚纱上用得好外，几乎是一种“见光死”的面料。而如今蕾丝在针织毛衫上不可思议地被大量采用，在袖口、领口、裙边等处都有蕾丝轻柔地开放着。

四、针织服装的色彩设计

（一）纱线及针织面料对色彩设计的影响

色彩设计在针织毛衫设计中占有非常重要的地位，这也是与梭织服装设计最为不同的环节。对纱线、针织面料、毛衫的组织结构及其特有的廓形特点的了解与分析，对我们进行针织毛衫的色彩设计有重要的指导作用。

不同的纤维具有不同的截面形状和表面形态，其面料对光的反射、吸收、透射程度也各不相同，影响了针织物的色彩感觉。面料对光的反射强，针织物表面色彩明亮，如化纤织物；面料对光的反射弱，针织物表面色彩柔和，如棉织物。再比如，同样色彩的棉织物，经丝光处理后，纤维截面圆润、饱满，增强了对色光反射的能力，针织物感觉鲜艳、亮丽，而未经丝光处理的针织物，色彩鲜艳度低些，感觉淳朴、自然。

羊毛是一种卷曲而带有鳞片的短纤维，羊毛织物相对较厚重，因此，用色力求稳重、大方、文静、含蓄，常常采用中性色，明度、彩度都不宜过高。当然，要随四季、性别、流行等具体情况而变。仿毛产品也应追求这种色感。

蚕丝是一种细而光滑的长丝，光泽较强，其针织物光滑、轻薄、柔软、精致、轻盈飘逸，别具风格，常用于夏季服装和内衣。蚕丝用色既要柔和、高雅，又要艳丽、柔美，所用的色彩一般明度和彩度均高，如嫩黄、浅绿、冰淇淋色、粉色等。

麻类纤维比较粗硬，其针织物风格比较粗犷、洒脱，但因有优良的湿热交换特性，常作夏季衣料，色彩一般浅淡、自然、素雅，如浅棕色、玉米色等。

化学纤维除了常规纤维外，还生产出各种新型纤维，截面和表面形态可以人为赋予，根据天然纤维的不同色感进行设计，以达到化纤仿真的目的。

纱线结构的变化与色泽效果

纱线采用单纱或股线，它的粗细、捻度、捻向等结构的变化会影响针织物表面色光的变化。一般来说，股线由于条干均匀，纱线中纤维排列整齐，表面毛羽少，光洁，所以色泽比单纱要好。

(1) 纱线粗细对色泽的影响

纱线的粗细不同，则色光效果不同。比如，同样是棉针织物，染色工艺相同，但高支棉纱与低支棉纱的色光完全不同，前者细腻、光滑，色彩鲜艳；后者粗糙、厚重，色彩暗淡、朴素。这是因为高支棉品质好，纤维长，纤维束整齐，纱线表面光洁，反光均匀，上色好，因此色感纯正、艳丽；而低支棉纤维短，纱线表面毛羽多，对光呈漫反射，因而色彩质朴、自然。（图 1-3-25）

图 1-3-25 不同粗细的纱线对色彩的影响

(2) 纱线质感对色泽的影响

质地不同的纱线光泽和质感不同,色彩视觉效果也千变万化。如有光丝、粘胶丝可给人流光溢彩的效果,各种花式纱线也有着丰富的表现力,花式纱线的色调多以鲜艳色为主,由清新的青柠绿到鲜艳的蓝绿,由蜜瓜的橙黄色到鲜红色和桃红色等,采用花式纱线的混色效果与粒状肌理营造出异域情调与女性魅力。(图 1-3-26)

图 1-3-26 不同质感的纱线对色彩的影响

(3) 纱线捻度对色泽的影响

在不影响纱线强力的条件下,捻度应适中。捻度过小,纱线较粗,影响针织物表面的细洁程度,使色泽下降;而由强捻纱织成的织物,由于整理后纱线有退捻的趋势而发生一定程度的扭曲,使针织物表面有轻微的凹凸感,对光线形成漫反射,色泽较差。通常捻度大的纱线色彩光感较强,颜色比较鲜艳,捻度小的纱线色彩质感柔和。(图 1-3-27)

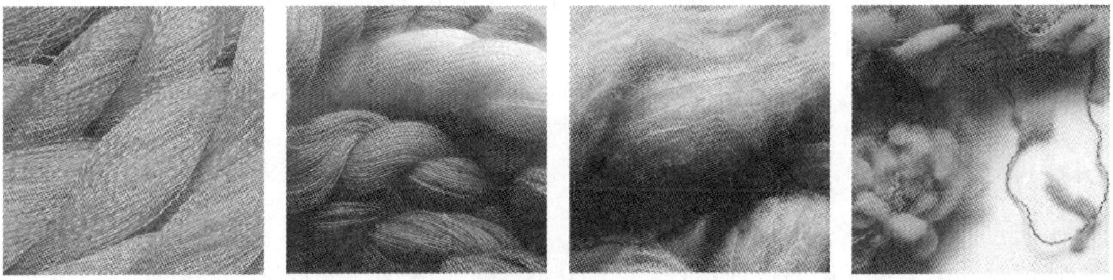

图 1-3-27 不同捻度的纱线对色彩的影响

(4) 纱线捻向对色泽的影响

纱线的捻向对色泽也有较大的影响。S 捻向与 Z 捻向的纱线对光线的反射情况不同,利用这种现象,在针织物的组织结构设计时,可将 S 捻纱与 Z 捻纱按一定比例相间排列,得到隐条、隐花的针织物。

(二) 组织结构对色彩设计的影响

组织结构是针织毛衫独具魅力的地方，由于其组织结构与梭织物不同，所以色彩设计方法也不同，设计师应充分利用毛衫组织结构的特点，来设计出更有针织服装“味道”的毛衫。通常，我们采用织纹的变化、色彩的变化以及两者结合等方法来丰富使用功能和视觉形态。

1. 织纹对色彩视觉的影响

针织毛衫常用的织纹主要有：平针组织、罗纹组织、双罗纹组织、四平空转、集圈组织、扳花组织、提花组织、空花组织。不同的织纹对光线的反射不一样，会产生不同的色彩视觉效果。平针组织、罗纹组织反射要强些，而集圈组织、扳花组织等对光呈漫反射，色彩就要自然些。

2. 色彩的变化

在平纹的毛衫中，如果拼接了不同的颜色和提花，能以色彩和花型的变化打破平纹织物的单调感。若色彩明度、纯度偏高，有活泼、明快的感觉；若明度、纯度偏低，则有沉静、理性的感觉。如在其中添加一些色彩艳丽、明亮的线条，可起到画龙点睛的作用。色彩变化手段除传统的色纱、花式纱交织方法外，还流行晕染、绞染、镶拼等方法。如在被誉为针织时装代名词的意大利针织品牌米索尼（MISSONI）的服装中，设计师欧塔维奥·米索尼（Ottavio Missoni）利用条纹、斜条纹、人字纹、锯齿状图案、几何图形、圆点、格纹、电波纹，让针织衫看起来像人体上的一幅立体画，而鲜艳多变的色调混合，更是让 MISSONI 的服装充满了强烈的色彩美感。

拼色在毛衫中经常用到，如果运用得恰到好处，能使单调的色彩表现突出的动感，能使鲜亮的色彩略微收敛，能让同色系的各种色彩达到协调统一，或者通过强烈对比的色彩搭配，形成跳跃效果。毛衫多运用大量的拼色或细条纹的色彩交织，拼色可以运用各种色彩，常见的有黑白、黑红、黑黄、蓝白、红白、棕咖等色彩搭配，不同款式的毛衫，色彩搭配亦有不同。

(三) 针织毛衫的廓形对色彩设计的影响

色彩设计是针织毛衫设计的基本因素，在我们的设计过程中，或先有廓型设计构思，然后配合适宜的色彩；或先提出色彩方案再配合相宜的廓型，可见廓型与色彩的关系可谓唇齿相依。针织毛衫与别类服装设计所不同的是，针织面料具有悬垂、柔软、弹性好等特点，所以其廓形设计宜从大处着眼，结合色彩，设计出更适合毛衫廓型的针织服装。

1. 根据针织毛衫廓型的种类进行色彩设计

从服装美学观点出发，针织毛衫外形轮廓造型变化可归纳三种类型，即紧身型、宽松型、直身型。

(1) 紧身型

弹性是针织毛衫突出的特性，所以紧身型是最有利于发挥毛衫优势的廓型。一般针织物的横向拉伸可达20%左右，如采用弹性纤维并配以适当的组织结构，可生产出弹性极强的面料。由这类面料制作的服装适体性特别好，既能充分体现人体的曲线美，又能伸缩自如，适应人体各种运动与活动所需，同时还兼有舒适、透气的优点。不同的紧身款式，应选用不同的色彩来满足需要。

① 紧身便装：春、秋、夏季的紧身上衣、裤子等，线条简洁、自然、贴体流畅，尽显人体曲线的美感。这类毛衫的色彩多以流行色系为主，清新、自然，配色可时尚大方，富有个性。

② 紧身运动类毛衫：多用轻薄柔软、弹性优良的纱线制作的运动休闲毛衫，既合身贴体，又能适应人体的多种活动要求，使人体美与造型美融为一体，使穿着者的身材显得更为苗条、修长。紧身运动休闲类的毛衫设计多为活泼鲜艳的运动感色彩，如黄色、橙色、蓝色、红色等，并配与黑色、白色等中性色。配色上一般更为醒目夸张，可加强色彩的分割感。

(2) 宽松型

宽松型造型一般由简单的直线、弧线组合成外形线，服装围度配以较大的放松度，使人体三围基本趋于一致，形成宽松的式样。这类廓型能较好地体现针织面料的柔软、悬垂性好的优势。如用针织羊毛编织物、纬编双面提花织物等较厚重的面料制作的大衣、休闲装、运动装等，造型大方、洒脱。一般选用比较轻松随意、自然、舒适的色彩，并灵活运用拼色、几何抽象纹样等装饰手法。采用轻薄柔软的针织面料制作的家居服等，常常采用花边、抽褶、绣花等装饰技巧，表现出温柔、优雅、轻松的情趣。色彩上也相对柔和，多采用浅色系和粉色系。

(3) 直身型

直身式是以垂直水平线组成的长方形设计，是针织服装传统的造型，在针织服装中，这种廓形占有相当的比例。这类造型的针织毛衫一般选用较为密集、延伸性较小的面料或组织结构，如棉毛衫、羊毛衫等。肩线是呈水平稍有倾斜的自然形，腰线可以是直线或稍呈曲线，线条简洁、明快，造型轮廓端庄大方，穿着合体自如、方便舒适。色彩相对宽松型要稳重、简洁，多为常规色系，配色上以块状分布，或局部有花式纹样装饰。

2. 根据针织毛衫廓型的风格进行色彩设计(图 1-3-28)

(1) 文静端庄的风格

文静端庄的风格以 H 型居多，简洁合体，轮廓清晰，层次少，对比小，零部件少，排列极具匠心，线条连续，长且稳重，大多与身体直立时的垂直中心线相关联。外形特点为闭合式服装外形，让人先看到整体，平面综合型图案具有文雅、稳重、矜持的风格。在面料方面，可采用羊毛、马海毛等。选用宁静的中性冷色或凝重的低深色调。

(2) 活泼可爱的风格

活泼可爱的风格以 A 型居多，造型夸张，对比强烈。线条长而挺拔，变化较大。外形特点为闭合式外形，洒脱轻快，能感受到青春的朝气与活力，充满运动感。面料的选择性比较大，可选用奇特、新颖、有光泽的面料。色彩方面可以暖色为基调，以亮度对比大的鲜亮色彩为主，配以少量的灰色或无彩色。

(3) 简洁自然的风格

简洁自然的风格以 Y 型居多，轮廓清晰而多层次，多零部件。线条柔和、自然、流畅。外形特点为扩展式，具有简单、成熟和阳刚的风格。面料多采用柔软轻薄、消光挺括的毛料。在色彩上要淡雅柔和、清丽爽洁、明亮的组合。

(4) 雍容华贵的风格

雍容华贵的风格以 X 型居多，上下装比例变化较大，零部件复杂，边缘柔和，装饰较多，

文静端庄的风格 活泼可爱的风格

简洁自然的风格 雍容华贵的风格

图 1-3-28 不同毛衫风格的配色

对比因素夸张，节奏感强，线条短而不连续，分割线曲折多变。外形特点多为扩展式外形，使人先注意局部，立体外形给人以繁复华贵、高尚不俗的印象。面料以反光材料居多，面料可采用清晰的暖色、浅色或冷色，与鲜艳色彩搭配组合。

（四）针织毛衫的配色对色彩设计的影响

形式美作为理论性的美学法则用在针织毛衫的配色中，它强调的是色与色之间的关系，即和谐为美的基本论点。但针织毛衫的配色是一个综合的命题，远不是知道几条形式美法则就能够操作的。针织毛衫的色彩美是通过色与色相互组合的关系体现的，当色与色组合形成特定的色彩环境，便产生色彩间的相互关系，因而在考虑配色之前，先要对毛衫的整体风格有一个把握，才能做到有的放矢，取得预期的效果。

1. 色相配色

色相配色指用色相不同的颜色相配来取得变化的效果。从色相上来说，可有邻近色相配、类似色相配、对比色相配等；从数量上说，有二色相配、三色相配、多色相配等。配色时，必须以一种色彩作为主调，其他色彩作为辅助色使用。

邻近色相配是指在色相环上相距40°以内的色相配。由于色相差小，所以主调性色彩很明确，容易取得调和。这种配色方法含蓄、微妙、但容易造成单调、缺少变化的感觉，假如色相相差太小，还会使人感觉模糊不清，产生沉闷感。这时候就应当在纯度和明度上尽量拉大距离，以增强整体的活跃气氛。(图1-3-29)

图1-3-29 采用邻近色相配的毛衫图案

类似色相配是指色相环上相距40°～70°之间的色相配。这个范围内的配色由于色相差适度，所以对比和调和的关系比较容易处理，因而使用较多。譬如绿和黄、绿和蓝、红和紫等都是类似色的色彩关系。使用这种方式配色时，应注意色彩的比例关系，辅助色太强会影响到主色调的表现，显得杂乱；辅助色太弱又会显得缺少变化，整体感觉软弱和缺乏生气。要调整好色相的关系有时候还要同时调整纯度和明度，才能取得最佳的视觉美感。(图1-3-30)

图1-3-30 采用类似色相配的毛衫图案

对比色相配是指色相环上相距70°～180°之间的色彩相配。这种配色对比强烈、活泼生动、色彩华丽、富有刺激性。但对比过分强烈会引起色彩之间的冲突，产生不安定、不和谐之感。所以设计时常采用一些手法来降低对比性、增加调和性。譬如，拉大比例差，使辅助色只作为点缀而存在；或者降低一方或者双方色彩的纯度；或者加入第三色，一般以无彩色作为第三色来进行调和。好的对比色相配能产生非常丰富的视觉美感，但同时它对设计师的色彩把握能力的要求也就更高。(图1-3-31)

2. 明度配色

在配色中，侧重明度方面的变化，而弱化纯度和色相等因素是明度配色的基本原理。对整体气氛起决定作用的一是调性，指高调、中调或低调；二是明度差(明度差大，趋向于对比

图 1-3-31 采用对比色相配的毛衫图案

的关系；明度差小，趋向于调和的关系）。

高调是指主色调采用高明度色。整体色浅而明亮，有轻松、优雅、明快、凉爽等倾向。辅助色与主色调明度差较小时，整体色显得比较温和，这时应在色相及纯度方面做一些相应的调整以增加变化；辅助色与主色调明度差较大时，一方面可对过亮的主色调做一些抑制，另一方面也可增加一些活泼的气氛。但应注意对比过大时会影响整体和谐。（图 1-3-32）

图 1-3-32 采用高调配色的毛衫图案

中调指以中明度色为主面积的配色，即用不太亮也不太暗的中明度色构成主调。由于主色调明度中等，所以即便是用高明度或低明度色作为配色也不会单在明度上构成很强的对比。假如需要增加对比，就应该适当地在纯度和色相方面拉开距离。中明度配色适应范围很广，视明度差的大小和色彩纯度的高低而定，它既可能是活泼、兴奋、强烈的情调，也可能是含蓄、平静、凝重的情调。应当注意的是在色相和纯度相对一致的情况下，切忌明度上拉不开距离，否则会令人感觉沉闷和模糊，在视觉上引起不快。（图 1-3-33）

图 1-3-33 采用中调配色的毛衫图案

低调是指以低明度色为主面积的配色，即用较黑、较暗的色构成主调子。整体上有凝重、深沉、严肃、忧郁的风格。假如配色明度差较大，即用浅亮的色彩进行搭配，会使沉重感有所减轻，并增加一些活跃的气氛，有时会使整体沉闷的调子突然有了生气。但应注意比例协调，以免破坏整体风格。明度差很低的时候，低调配色会显得调和有余，对比不足，这时同样应当在纯度和色相上进行调整。比如高纯度的暗色调服装就会有一种内蕴丰厚的感觉。（图 1－3－34）

图 1－3－34　采用低调配色的毛衫图案

3. 纯度配色

在毛衫配色中，注重以色彩的不同纯度来进行搭配，相对弱化色相和明度的相互关系，就是纯度配色。若大面积的运用高纯度配色，能使整个色调鲜明、华丽、生动、活泼；反之，大面积的运用低纯度色，会使整个色调变得朴素、沉静、含蓄而稳重。两者如果配置不好都会产生不好的视觉效果。前者配色不当，会产生动乱、生硬、刺激的效果；后者配色不当，则会产生灰暗、软弱、无力的效果。

色彩的纯度有高、中、低之分，不同的纯度差配色决定了整体效果的不同。一般有高纯度差配色、中纯度差配色、低纯度配色等。

高纯度差配色是指高纯色与低纯色的配置。这种配色方法应用非常宽泛，一般不会引起强烈刺激的对比或过分的调和，较容易取得和谐的配色效果。作为低纯色的极端就是无彩色的黑、白、灰。鲜艳的纯色与黑、白、灰的搭配在我们日常生活中极为常见。几乎任何一种纯色都可以安全的与黑、白、灰配在一起，所以黑、白、灰又被称为万能色。这是高纯度差配色的典型例子。在使用这种方法时，还应结合明度的因素来考虑，比如低明度的纯色与黑或高明度的纯色与白都有可能会产生过弱的视觉效果，所以在设计时应对各种要素作综合调配。（图 1－3－35）

图 1－3－35　采用高纯度配色的毛衫图案

中纯度差配色一般有两种，即高纯色与中纯色相配或低纯色与中纯色相配。前者整体纯度偏高，同时，如果色相差大，会加强对比的效果，应注意把握对比的度；后者整体纯度偏低，如果明度太近，则会显得沉闷和缺乏力度，应注意拉开明度的距离。（图1-3-36）

图1-3-36 采用中纯度配色的毛衫图案

低纯度差配色指色彩间的纯度差别较小的配色，如同为高纯色、同为中纯色或同为低纯色等。虽然都是低纯度差配色，但三种配色效果各不相同。同为高纯色时，效果刺激、鲜明而强烈；同为中纯色时，效果则温和、稳重；同为低纯色时，效果则含蓄、朴素、沉静。由于纯度差太小，拉不开纯度的距离，一般在使用这种配色方法时，都会考虑从色相上、明度上设置一些对比的要素，以期得到多样而统一的美学效果。（图1-3-37）

图1-3-37 采用低纯度配色的毛衫图案

（五）色彩设计要结合穿着情境

除了要遵循针织服装设计的基本原则外，在设计企划环节中，也要求设计人员能够充分了解针织服装的穿着情境，使得色彩设计企划更具科学性和时效性。以下将展示运动服装的穿着情境与服装色彩：

如图1-3-38所示，体育运动服常用强烈饱和的对比色，以达到相互衬托，易于辨认的目的。其中体操、跳水等运动员还要求轻盈绚丽的配色，并十分注意运用色彩的扩张感和收缩感来体现运动员的身体，使艺术造型更加完美，使服装的实用效果与艺术效果得到更好的体现，满足人们生理上和心理上的舒适感。

1. 明亮的色彩在运动场上更现灵活
2. 与水池色彩有明显的间色设计

3. 蓝色与水池一色，更具美感
4. 简结的黑白设计凸现线条

图 1-3-38 体育运动服的色彩设计

五、装饰

随着社会的发展，人们的审美不断提高，对服装的要求也越来越高。为了满足不同的消费者，服装往往通过不同的装饰手法来丰富其内容。针织毛衫，根据其特性有着特有的装饰方法和手段，如丰富的组织变化、变化多样的纱线、针织以外的装饰物等。毛衫的装饰从其空间造型来说，主要分为平面装饰、半立体装饰和立体装饰三种。平面装饰主要指的是在毛衫面料上本身存在的一些花型或者图案，这一般是由提供面料的制作厂商设计完成的，一般称为面料花型设计。半立体的装饰主要是指毛衫出现至今，仍然占据主要地位的各种组织设计，当然今天的组织设计早已超越了从前，随着科学技术的发展，先进的机器设备、材料和工艺，使得各种组织都有其独特之处。立体装饰恐怕是如今服装装饰界中最为得宠的宠儿了。这种装饰范围十分广泛，我们常见的服装上各类的饰品，诸如毛皮、珍珠、水钻、金粉、蕾丝等都是立体装饰，这种装饰已经涉及到了服饰配件的领域，但却是毛衫立体装饰中最为自由发挥的一类，让毛衫风格百变。除此之外，毛衫造型中的各种褶皱、荷叶、流苏、抽缩等等都属于立体装饰，但也可以归为造型上的装饰。

(一) 织物组织变化产生的装饰

针织毛衣织物的组织结构归纳起来可以分为三种：原组织、变化组织和花色组织。原组织是所有的毛衣织物组织的基础，如单面的纬平组织，双面的罗纹组织和双反面组织；变化组织是由两或两个以上的原组织复合而成的，其是在一个原组织的相邻线圈纵行间，配置着另一个或几个原组织，以改变原来组织的结构和性能，如单面的变化纬平针组织、双面的双反面与罗纹交合的组织和棉毛组织等。原组织和变化组织又可称为基本组织；花色组织是以上述组织为基础而派生出来的，它是通过线圈结构的改变，或者另外编入一些其他色彩的线圈，以形成具有显著花色效应和不同物理机械性能的花色组织，如提花、纱罗、集圈、毛圈和长毛绒等。针织毛衣织物的外观，有正面和反面之分。线圈圈柱覆盖于线圈圈弧上的一面成为织物的正面；线圈圈弧覆盖于线圈圈柱的一面称为织物的反面。线圈圈柱或线圈圈弧集中分布在织物一面的，称为单面羊毛织物；而分布在织物两面的，称为双面羊毛织物。针织毛衣的许多设计花样都是在编织过程中通过对针织物组织结构的设计来完成的。

针织毛衫的组织结构千变万化，这些不同的组织经过不同的组合能形成不同的外观特征，所以组织变化所产生的装饰效果是毛衫所特有的。作为一个出色的针织毛衫的设计师一定对毛衫的基本组织结构了解，并根据不同的毛衫风格把握好虚与实、疏与密、露与透的关系。如果整件衣服都采用了纬平针、空花、集圈等单一的花色组织，就会显得单调乏味，反之如果在一件衣服上采用两种或两种以上的花色组织，效果就会丰富得多，但也主要注意尺度的把握，太多的色彩又会显得杂乱无章。

1. 平针类组织织物

(1) 单面平针织物

单面平针织物两面具有不同的外观，由于反面的弧线比正面的线柱对光线有较大的漫射作用。因而织物的反面较正面阴暗。相比之下单面平针织物的正面显得光洁、平整。这种组织是针织毛衫中最常见的组织，其特点是结构简单、轻薄、柔软。

利用单面针织物的结构产生的装饰针织毛衣，最为常见的是在编织的过程中改变横条纱线的色彩，可以在针织毛衣上出现平行色条的效果，编织的行数可以控制横线条的粗细，等粗的横条效果整齐统一，交叉地编织粗细变化的线条，则可以在服装上产生渐变、律动的效果。单面平针织物编织横条从正面看光洁，平整线条清晰。

(2) 双面平针织物

双面平针织物表面光洁，织物性能与单面平针织物组织相同，但比单面平针织物组织厚实，线圈横向无卷边现象，有厚度感，这种织物主要用于外衣的下摆和袖口边、领边等。

2. 罗纹类组织织物

罗纹组织具有典型的凹凸条纹效应，其两面都有凹凸棱，凸棱是由正面线圈纵行形成，而凹棱则是由反面线圈纵行形成，罗纹类组织的种类很多，它通常可以通过不同的粗细，不同的坑条来丰富视觉效果。简朴的 1×1 罗纹，2×2 罗纹有贴体、修身的效果，可产生纵向凹凸条纹，形成自然的纵向分割线，有拉长身形的视觉效应。不同宽窄的罗纹组合，还能产生活泼跳动的节奏感。

3. 移圈类组织织物

移圈类织物由于线圈移位的方法不同，所产生的花色效应也不同，一般分为挑花和绞花两种。

挑花织物：是在纬编基本织物的基础上，根据花型要求，在不同针，不同方向进行线圈移位，构成具有孔眼的花型，因此，挑花织物又称起孔织物。挑花织物有单面、双面两种。

单面挑花组织织物的制作是利用手工或机械转移线圈而织成，由于线圈被移开，织完下一行的时候，移开的部分显现出孔洞的效果。单面挑花组织织物具有轻便、美观、大方、透气性好等特点。挑花工艺还可以形成特殊的漏针效果，就是挑走的针不补上，漏针处形成了长距离的连线效果。双面挑花组织织物比单面挑花组织织物的花型变化更丰富，其也具有轻便、美观、大方、透气性好等特点。这种组织结构可以用来设计极其具有女性化特征的服装。在形成孔眼效应的织物中除挑花织物主要采用移圈为主的方法外，还有采用织针脱套、集圈以及扳花等手段来得到孔眼效应的织物，这种织物叫通化织物。

绞花织物：绞花织物有 1×1、2×2、3×3 等线圈移位方式，在织物表面形成如"麻花"形状的扭曲的纵行花形。绞花组织分为单面绞花和双面绞花。

绞花组织通过相邻线圈互相移位形成的肌理效果非常独特，移位的线圈数目越多、采用的纱线越粗，其效果越强烈。绞花织物有凹凸感的外观给人以厚实的感觉，利用移圈的斜向移动和互相交叉的基本针法可以组合编织成较大的花型，是一种十分常见的组织结构。适合做男女针织毛衣外套，有粗犷豪放，充满青春活力的美。另外在四平抽条织物上，还可以采用手工结扎，即轧花的方法来模拟绞花移圈的效果。(图 1－3－39)

4. 波纹类组织织物

波纹类组织织物是通过反复左右移动后机床的位置，来得到纵向线条的类似波纹状的

图 1－3－39 粗针纱线最适宜采用绞花，立体效果更明显

凹凸曲折的图案。折线的长度由织物的行数决定，而方向由下机床的移动方向决定。采用的基本组织不同则可以改变织物的具体外貌。波纹类组织织物具有一定的厚度，变化丰富，常用于针织毛衣领口、袖口的装饰或也可为全身的编织图样。

5. 提花类组织织物

提花组织根据组织结构，可分为单面提花和双面提花两大类。提花组织形成的各种花型，具有逼真、别致、美观大方、织物条理清晰等优点。

一般来说，一件毛衫都会用到两种以上的花色组织。所以在同一件毛衫上合理的运用不同的组织可以丰富服装的外观效果，装饰性能强。（图 1－3－40）

（二）添加装饰物产生的装饰

在针织毛衫上添加的装饰物主要分为两大类：一种是以实用为主的装饰物，如拉链、钮扣、别针等；另一种是单纯以装饰为主要目的，如单独的钩花装饰、各种配套的围巾手套等。

图 1－3－40 提花图案在女装毛衣中是重要的装饰手法之一

拉链、钮扣、别针这些服装辅料一般都以实用性为前提，起到固定和连接的作用，但同时它们也是很好的装饰手法。

钮扣：钮扣在针织服装造型中能起到点缀、平衡和对称的作用，还可以使人们的视线集中。一件平淡无奇的衣服，只要配上几颗新颖别致的钮扣，就立刻能生色增辉。（图 1－3－41）

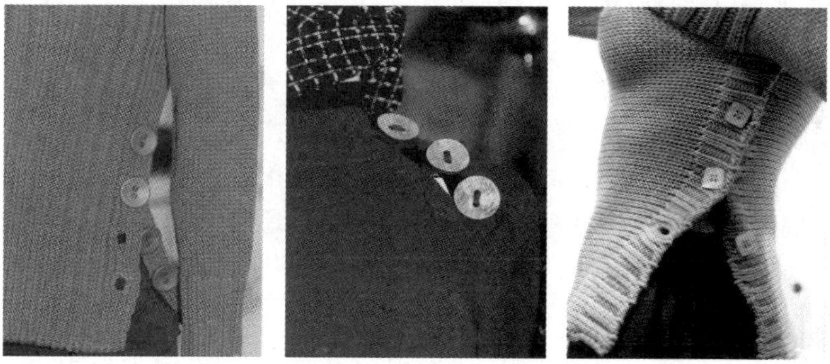

图 1－3－41 不同材质的钮扣，功能与装饰相结合

搭扣、拉链：搭扣、拉链和钮扣一样以功能性为前提，同时也是很好的装饰物。如在一件素色的针织毛衫上加上一条装饰拉链，不仅能起到连接衣片的作用，还能对服装的着装效果起到画龙点睛的作用。当拉链作为分割线时，给人以活泼、富有动感的感觉。装拉链的服装具有简洁、方便、随意的特点。

毛线绒球：毛线绒球是针织毛衫特有的装饰物。

（三）后加工产生的装饰

一件针织毛衫成形以后，我们会根据其风格特征有针对性的再进行装饰加工，最终达到设计师的要求，这种后加工产生的装饰范围比较广，方法和手段也比较丰富。

1. 刺绣

刺绣是在机织物、编织物、用针和线进行绣、贴、剪、镶、嵌等装饰的一类技术总称。根据所用材质和工艺的不同，刺绣又分为彩绣、白绣、黑绣、金丝绣、暗花绣、网眼布绣、镂空绣、抽纱绣、褶饰绣、饰片绣、绳饰绣、饰带绣、镜饰绣、网绣、六角网眼绣、贴布绣、拼花绣等。不同地区与民族都有代表性的刺绣工艺，如欧洲的法国刺绣、英国刺绣、匈牙利刺绣、瑞典刺绣；亚洲的中国刺绣、日本刺绣、克什米尔刺绣等。每一种刺绣都以其鲜明的民族特色著称于世。针织毛衣可运用到的刺绣方法有很多种，十字绣、辫子绣、平绣、缠绣、缭绣、打子绣、米字绣、套环绣等等。

2. 贴花

贴花是常与机绣组合的一种修饰方法。主要有两种形式：一种是平面的，另一种是立体的。贴花既可用于圆机产品，又可用于横机产品上。其多数被用于童装的装饰，也有少量用于女装上，近年来有的羊绒衫在设计上为了防止肘部提前磨损，在肘部加上一块羊绒梭织的面料，既美观又实用。贴花时按照各种花型的形态、颜色，或者某种抽象的图案，采用圆机编织物或横机编织物进行不同面积的分块贴布，组合成各种各样的图案，然后用机绣针迹或者手绣在贴花的交接处和图案周围进行锁边，并加以细小部分例如花梗、花蕊，等加以点缀。贴花的方法，可按照设计图的需要进行，有的可采用同种的织物组织贴花，有的则可采用不同组织结构的平绒、丝绒、丝绸、皮革、人造革等，以产生别具一格的贴花效果。另外，还可在贴花花型的附近以手绣或机绣来给予装饰，以达到更好的花型效果。贴花的特点为：远观效果好，色彩鲜明，立体感强，花型变化容易。

3. 抽带和系带

抽带和系带在针织毛衫中的运用大多是实用功能与装饰功能为一体的，常常能通过一条小小的带子营造出意想不到的多种效果，这就是绳带的神奇所在。

抽带和系带用做装饰女式毛衣，其风格是极具女性化的。用做抽带、系带的材质多数是缎带，缎带不但色彩繁多，而且有许多中宽度的选择，还可以把缎带折叠或收缩，抽碎褶固定制成花蕊状，使得绣出来的花案栩栩如生，立体感很强。有点设计将缎带和起孔织物相结合，将缎带穿入织好的衣片上预留的针孔中，形成了一节一节缎带穿插其中的外观。还有的设计将缎带分段编入针织毛衣中，留出两头的部分在外，形成穗状的外观，别有新意。

4. 绳饰

绳饰在针织毛衣的设计中有相当一部分的设计是利用了绳子作为装饰物的。绳子的材料多种多样，有直接利用毛线编结出来的绳子，有皮革制作出来的绳子，有各种各样的机织装饰绳，手工做的编织绳、打结绳，以及用布料制作的绳子等。在针织毛衣上作为装饰物的绳子通常具有一定的弹性，最常见的用绳子来装饰针织毛衣的是用线将绳子固定在毛衣的表面，叫做绳绣。利用绳子的弯曲，反转做出各种图案并将其固定在毛衣的表面，在衣服的滚边和镶边的装饰上是常用到的。绳绣在针织服装上的固定方法有在绳子下面进行固定和垂直固定等。在有连帽设计的针织毛衣上，绳子具有收缩帽檐功能和装饰的作用。在针织毛衣的下摆等处有时直接利用本色的毛线编织出细绳，或是皮革裁制成细条状，加以缝合后制作出了穗的效果。有的针织毛衣设计是利用绳子对服装进行抽缩而产生褶的装饰效果，或者利用绳子在服装上的相互串联的形态作为装饰的。

5. 流苏

流苏在民族风情的毛衫上运用得较多。细细长长的流苏在裙边、袖口、衣角、腰带上运用得特别抢眼。长长的流苏，把一件平常的毛衫点缀得浪漫动人。

6. 蕾丝

蕾丝俗称花边，是以编、结、缠等手法做成的透空织物，可分为手工蕾丝和机制蕾丝两类。蕾丝以其优美精致、纤细透明的特点，而被广泛地运用在各种服装上。很多著名品牌对蕾丝的运用都达到了出神入化的地步，如我国女装品牌中的“淑女屋”，通过在服装不同部位添加不同造型的蕾丝，很好地突出了女性的柔美和娇媚，深受女性消费者的青睐。蕾丝的种类很多，其装饰方法可分为局部的帖覆或镂空、整体的裁剪组合和镶边装饰三种。局部的点缀除要突出重点之外，还要与面料的色彩、图案、肌理形成对比，使整体造型新颖别致。大面积、整体地运用蕾丝最能体现含蓄、朦胧之美。但应把握好基布与蕾丝特性的裁剪组合，从而赋予服装以“透”而不“明”的效果。近几年来，蕾丝在针织毛衫上也不可思议地被大量采用，在袖口、领口、裙边等处都有蕾丝轻柔地开放着。

7. 动物皮毛

动物皮毛具有很强的装饰性和保暖性。毛皮从来都以其优雅、高贵的品质被运用在各类高级时装的设计中。服装上使用的毛皮多种多样，设计师一般按皮毛的长短和特性的不同，在相应的服装款式中加以运用。既可以对皮毛的颜色进行与设计协调的染色加工，也可以直接使用自然色：既可以在领部、袖口进行可脱卸的装饰运用。也可在衣身进行分割镶拼。随着人们生活水平的提高，毛皮服装的舒适性、保暖性和装饰性以其无穷的魅力作为冬季时装的装饰材料而受到消费者和设计师的青睐。

8. 成衣染色

成衣染色，可以先织成一定款式的白坯服装，然后根据流行色的变化来进行染色，可以真正做到多品种，少批量。在成衣染色中，不但可以染出一种色彩，还可以根据需要来调制色彩的深浅和浓度，分层染色，可以使服装的色彩产生渐变的效果，过渡色自然柔和。还可以结合扎染的工艺，对较薄的毛衣进行先扎后染，其效果和扎染相似，可以用来设计比较个性化的服装。

9. 印花

印花针织毛衣的花型变化多，新颖别致，手感柔软，具有提花毛衣难以达到的优越性。针织毛衣的印花主要采用筛网印花，在筛网印花中，又以手工刮版印花为主。其印花的花纹变化多，花型大小不受限制，其既可将图案印制在衣服的特殊位置，又可印制身袖接缝吻合无间的连续花纹，可得到瑰丽、鲜艳、新颖、别致的花型效果。

针织毛衣上的手绘图案是毛衣图案装饰中崛起的一枝新秀，手绘图案是具有丰富表现力的独特工艺，可以不受印花的套色限制，也不受毛衣款式的限制，它以精湛的手绘艺术与服装款式结构巧妙结合，手绘图案有多种风格和表现的手法，有的采用国画中的泼墨写意或工笔的画法；有的采用装饰画或油画的技巧，手绘图案通常用于织物纱线能相结合的颜料绘制，绘制时应掌握颜料的干湿度，手绘图案一般需待其自然干燥或烘干后，再用熨斗烫几分钟，使颜料牢固结合再针织毛衣上，使其既不会褪色又不会脱落。手绘毛衣的艺术效果很好，主要用于中高档的针织毛衣设计中。

六、工艺

(一) 羊毛衫工艺设计原则

羊毛衫的编织工艺设计，是整个服装设计的重要环节，编织工艺的正确与否，直接影响毛衫的款式和规格，并与产品的用毛率、劳动生产率、成本和销售有密切关系。

羊毛衫的编织工艺设计要根据产品的款式、规格尺寸、编织机械、织物组织、密度、回缩率、成衣与染整手段及成品重量要求等诸多因素综合考虑，制定合理的操作工艺和生产流程，以提高羊毛衫产品的质量与产量。

1. 按照经济价值划分高、中、低档产品设计

羊绒衫、驼毛衫、兔毛衫、(纯)羊毛衫等产品的经济价值较高，在编织和缝纫方面的工艺均需考虑精细、讲究，设计要精心。腈纶等化纤衫一般属低档产品，在做工上可以简化，在款式上则可多变。

2. 节约原料，降低成本

整个工艺设计过程中，要精心计算，精心排料，减少原材料、辅料的损耗，降低生产成本。

3. 结合实际生产情况制定优化的工艺路线

在制定工艺路线时，必须结合生产的具体情况，根据生产的原料，设备条件，操作水平，以及前、后道工序的衔接等因素，制定最短、最合理的工艺路线。

4. 提高劳动生产率

编织工艺的设计，必须在确保产品质量的前提下，有利于挡车工的操作，缩短停台时间，减少织疵，以提高劳动生产效率。

5. 严格执行中试制度

为保证产品的质量，提高工艺的合理性、经济性和正确性，应在设计、试样以后，经小批生产核实工艺，方可批量生产。

综上所述，在进行羊毛衫产品编织工艺设计时，既要保证产品质量，又要考虑节约用料，方便操作，提高生产效率，进而提高羊毛衫产品的经济效益。

(二) 横机编织羊毛衫的工艺设计

1. 机号与纱线线密度的选定

根据毛衫的组织及原料、纱线的线密度，合理选用编织机器的机号，不仅对织物的弹性和尺寸稳定性、抗起毛、起球等服用性能有极大的作用，而且对提高产品质量有着重大的意义。

目前，横机可分为细机号(机号在 8 针以上，包括 8 针)和粗机号(机号在 8 针以下)两种，常用机号有 4、6、9、11 针等。机号和纱线线密度、织物组织有密切的关系，机号越高，针距越小，可加工的纱线越细，织物密度也越紧密，在编织纬平针织物和罗纹编织物时，适宜于某种机号的纱线线密度，可按下式求得：

K

Tt=G2

式中：

Tt——毛纱线密度(tex)；

G——机号(针/25.4 mm)；

K——适宜加工毛纱线密度的常数。一般取 7 000～11 000 之间，其中腈纶膨体纱的 K 值为 8 000，毛纱的 K 值为 9 000 时最为合适。

2. 密度的确定与回缩

纱线线密度一定时，羊毛衫产品的稀密程度可用密度来表示，沿线圈横列方向10 cm长

度内的线圈纵行数称为横密。沿线圈纵行方向，10 cm 范围内的横列数称为纵密。羊毛衫产品的密度又分为下机密度（又称毛密度）和成品密度（又称净密度）两种。成品密度是产品经过松弛收缩后达到的稳定状态，是工艺计算的基础之一，应根据选用的纱线线密度、机号、产品的重量、织物的风格及服用性能等确定最佳密度。合理的密度对比系数不仅可以改善织物的外观，使织物纹路清晰，而且可使织物尺寸稳定性提高。

羊毛衫衣片下机后，要进行回缩，影响编织物回缩率的因素较多，如原料性质及加工方法、织物组织、加工过程张力、染色后整理等。正确选择织物的回缩率，对确保产品的规格和重量尤为重要。

3. 羊毛衫工艺计算

羊毛衫编织工艺计算是羊毛衫产品设计中必须熟练掌握的重要内容。羊毛衫工艺的计算，是以成品密度为基础，根据各部位的规格、尺寸决定所需的针数与转数，同时，考虑在缝制过程中的损耗。

（三）工艺流程

羊毛衫生产采用的针织机主要是横机和圆机，毛衫的生产工艺流程为：

1. 通常的毛衫设计工艺流程

设计—定稿（定原料，组织，机型）—络纱—织小样—定密度—编织计算，编织图—编织—衣片（罗纹）—翻针—衣身—收放针—下机—袖片—裁剪—锁边—缝合—缩绒—水洗—特殊装饰—钮扣—整理—成衣。

2. 横机产品生产工艺流程

原料进厂→原料检验→准备工序（络纱）→横机织造{全成形衣片 / 半成形衣片}→检验→成衣（手工、机械缝合）→染整（成衫染色、拉绒、缩绒、特种整理等）→修饰工序（绣花、贴花等）→检验→熨烫定形→成品检验，分等→包装→入库→销售→反馈信息

3. 圆机产品生产工艺流程

原料进厂→原料检验→准备工序（络纱）→圆机织造（圆筒坯布）→坯布检验→坯布染色整理、定形→成衣（裁剪、手工与机械缝合）→修饰工序（绣花、贴花等）→检验→熨烫定形→成品检验、分等→包装→入库→销售→反馈信息

（四）羊毛衫的成衫工艺

成衫工艺是羊毛衫工艺设计中的重要组成部分之一。成衫工艺与服装的款式、品质要求、服用性能以及成本等有着密切的关系。

1. 毛衫的成衫染色

一般的羊毛衫产品均用色纱成衫，而成衫染色是先成衫后染色，因此成衫染色产品有其独特的风格。

① 色泽鲜艳。成衫染色可减少编织及成衣过程中所产生的色花、色差、色档和油污、杂质等各种疵点。同时，毛衫在染缸的热流中运动，毛纤维受到沸液的扩张和拉伸，能顺利地吸收染料分子，可提高毛衫色泽的鲜艳度。

② 绒面丰满、手感柔软。未经染色的羊毛，其纤维的鳞片未受损伤，纤维的弹性好，因此成衫染色产品的缩绒效果比色纱产品好，手感柔软，绒面丰满。

③ 生产管理方便。由于织片均用本白毛纱，可增加白纱储备量，便于随时翻改品种和调整批量大小，而不必配染对色缝毛。

2. 毛衫的成衫印花

毛衫的成衫印花是指在毛衫上直接印染色彩图案的特殊整理工艺。印花毛衫具有色泽鲜艳、图案逼真、灵活且手感柔软的特点，可以根据设计构思进行局部印花和全身印花。

传统的网印工艺在印花后需要烘干、汽蒸才能达到固色要求，则色泽鲜艳度会受到一定影响。如果操作不当还会造成毛衫变黄发焦。近年来发展的常温印花，工艺简单，色泽鲜艳，手感柔软，节约能源，投产快。

3. 毛衫的成衫后整理

随着国内外市场对羊毛衫品种和外观质量的要求愈来愈趋向于高档化、时装化和多样化，除了优化工艺设计外，重视羊毛衫的后整理工艺也越来越重要，只有新的后整理工艺才能适应新原料的应用以及消费者“三化”的穿着要求。常用的后整理有：缩绒、拉毛、防起球、防缩、浮雕印花、蒸烫定形等。

(1) 成衫的缩绒工艺

缩绒(毛)是羊毛衫后整理工艺的一项重要内容，主要应用于羊绒、驼毛、羊仔毛等粗纺类毛衫，精纺类毛衫以及某些精纺化纤产品也可以洗涤方式给以“轻缩绒”处理。

羊毛衫(或毛针织坯布)在一定湿热条件下，浸在中性皂液中. 经过机械外力(摩擦力)的搓揉作用，使织物表面露出一层均匀的绒毛，并取得外观丰满、手感柔软，保暖而富有弹性的效果。这个加工工艺过程称缩绒(毛)整理。

对羊毛衫进行缩绒处理有较高的要求，缩绒工艺合理，处理得好，毛衫在表面产生绒茸，给人以美观、柔和的感觉；反之，则会出现两种情况，一是缩绒不充分，毛衫达不到丰满、柔软的目的；另外是缩绒过度，毛衫产生毡缩，直到毡并。毡并是不可逆的，毡并后，经、纬向显著收缩，织物变厚，弹性消失，手感发硬，板结，毛衫品质完全被破坏。

(2) 拉毛

拉毛又称拉绒，是用机械外力将针织物表面的纤维拉出，产生一层绒毛外观，可使织物手感柔软、外观丰满、厚实、保暖性增强。

拉毛可在织物正面或反面进行。拉毛与缩绒的区别在于：前者只在织物表面起毛，而后者则是在织物两面和内部都起绒；前者对织物的组织有损伤，而后者不损伤织物组织。拉毛工艺既可以用在纯毛毛衫上，也可以用在混纺与腈纶等毛衫上。

目前，拉毛多用在不具有缩绒特性的腈纶产品(衫、裤、裙、围巾、帽子等)上，以此来扩大其花色品种。坯布一般采用钢针拉绒机，其与针织内衣绒布拉绒基本相同。横机生产的毛衫产品一般进行整衫拉绒，为了不使纤维损伤过多和简化工艺流程，通常不采用钢针拉毛机，而以刺果拉毛机来作干态拉毛。

(3) 成衫的特种整理

羊毛衫的特种整理是新型的后整理工艺，主要是为了适应新原料以及消费者的穿着和洗涤要求而产生的。当前国际上大致有：防起球、防缩、防蛀、防霉、防污、阻燃等特种整理，目前主要用于提高外观质量的防起球整理和适应家庭洗衣机发展的防缩整理。

(4) 成衫的蒸烫定形

羊毛衫后整理的最后一道工序就是蒸烫定形，蒸烫定形的目的是为了使羊毛衫能具有持久、稳定的标准规格，表面平整，使织物既柔软又富有弹性和一定的身骨，并富有光泽感。

羊毛衫的蒸烫定形，主要是在一定的热、湿条件下，纤维分子的结构发生改变，冷却后在新的位置固定下来。同时，在热、湿条件下，毛纱的内应力消除，形成了松弛收缩，在这时加以适当的压力(张力)，使角朊大分子中的氢键断裂、伸长，在新的位置上牢固结合。因此，加热、给湿、加压、冷却就成了羊毛衫蒸烫定形工艺制订时的四个必要条件。

第二章

针织服装的卖场陈列企划

服装商品往往陈列在特定购物环境中。在服装营销学中，将这种服装商品陈列、展示并完成销售的场所称为卖场或服装卖场。

在现代服装销售中，服装品牌的影响力日益加大，而服装卖场便是树立品牌形象，展示服装品牌特色与个性特征，培养品牌忠实消费者的重要场所。服装是流行性与时尚性极强的物质载体，而对于美的追求是每个消费者所期待的。由于竞争的日益激烈，服装卖场不仅要提供品牌特有的商品陈列展示方式以吸引消费者，更要在消费者浏览服饰品的同时提供舒适的购物环境，使消费者能感受到购物带来的精神愉悦并且受到陈列氛围的感染，体会到美的所在。

科学合理的服装卖场定位必定要符合专业人士所谓的“三适合”——与商品适合，与消费者适合，与条件适合。品牌服装自身风格对卖场有一定影响，但必须得考虑服装所对应的消费者的定位，迎合目标群体的审美与品位，对刺激目标人群消费有极大的推动力，但同时，也必须考虑到品牌特征，选址与价格等综合性因素，以达到最佳的卖场定位。

心理研究学表明，在人们全部接受的信息中，有83%都源于视觉，因此可以将视觉因素看做一种诱因，它能够引起一定的心理活动，促使消费者产生购物的欲望。即使第一次未能购物成功，但也许能使其成为潜在的消费者。由此来看，不论是服装卖场的整个场地，抑或是一小块区域，乃至一个橱柜，一面镜子，或者一把衣架，都是与消费者沟通交流的渠道。它们需能体现产品特色，品牌的精神理念与服务态度，通过形象化的设计来展现其品牌的品位与审美，以迎合消费者口味，刺激消费从而树立品牌形象，提高市场占有率。

(一) 卖场形象在服装品牌形象中的功能

卖场形象具有四项基本功能：

① 展示性——集中表现在服装展示、信息展示、风貌展示、功能展示等商业活动功能。

② 促销性——拓展环境促销、产品促销、理念促销等功能。

③ 服务性——提供产品服务、售后服务、情感服务、休闲服务等功能。

④ 文化性——展示产品文化、社会文化、企业文化等文化功能。

(二) 鲜明的卖场风格与服装品牌形象

① 必须烘托品牌个性。有时同一个层面或类型的服装品牌之间并无太大差异，这就需要靠卖场风格的不同来体现品牌之间的差别。只有个性鲜明的卖场形象才能在顾客心中留下深刻印象。

② 必须体现文化内涵。风格明确的卖场都有其深刻的思想内涵和品牌理念，服装品牌文化不能只靠语言来表达，还要靠具有风格化的卖场来表现，将其具体物化成可触可感的形象实体。

③ 必须反映品牌类型。男女正装的卖场风格相对于休闲装来说要高雅严肃，而休闲装虽然形式较为活泼但仍不及运动装那般动感。正装品牌中礼服类卖场可以豪华高雅，职业装卖场格调应给人以简洁理性之感；休闲装卖场风格应反映出职业休闲装卖场、生活休闲装卖场和运动休闲装卖场的各自特点，以营造不同的商业氛围。

(三) 服装卖场"以人为本"

国际著名品牌的卖场面积都有一定的规模，小的也能达到 30、50 平米，较大的试衣镜分布在卖场方便顾客观察试衣效果的地方；卖场里大都摆放一两个供人休息的长沙发和品牌宣传品，供消费者休息和阅读。

试衣间应宽敞明亮，里面同样是大大的观察镜、舒适的软座、大大的挂衣钩，如在家中换衣一样方便、从容，一切方便之处都替顾客事先想到。相反，国内品牌的卖场在这方面就有一定差距，观察镜有的竟放到看不到的角落里，试衣间小得不能伸屈自如，试衣非常不方便，常使人放弃试穿欲望。

(四) 服装卖场形象设计对品牌形象的影响

服装卖场设计中服装品牌定位、设计风格以及延伸出来的流行特征都会直接影响到品牌形象，成功的卖场形象应该做到能营造出品牌定位、设计风格和品牌背后演绎给消费者的生活理念和文化内涵。

卖场的形象设计要完善并能体现品牌的风格，衬托出品牌主题，并能很好地进行融合，这直接影响到品牌的营销成败。合理地选择材料，运用现代工艺，不仅为设计构思的实现提供可能，而且也将成为整个品牌形象的一个重要组成部分。

服装卖场的设计操作方面，应体现以下几点原则：

① 货品展示整体和谐统一；

② 货品摆放联系搭配；

③ 货品结构设置实用；

④ 展示空间的营造合理、通畅、引导性强；

⑤ 货品展示风格独特别致，特点突出。

综上所述，服装卖场形象是对品牌形象进行了二次装饰和经营，其实质更多地体现在对服装以外因素的把握上。如何做好卖场的形象设计与展示效果，除了要结合自身品牌的风格形象外，还要不断地从周围成功品牌的实例中吸收新的外来因素来完善和发展设计内涵。这样不仅从市场中源源不断地收到实效，还能有力推动整个品牌在形象、文化、品质上的提升。

第一节 针织服装的陈列概述

一、服装陈列综述

“陈列”英文称为：Display，visual presentation 或 visual merchandising presentation，其中涵盖了视觉艺术、销售学、人体工程学、心理学等多门学科的知识。其形式是通过对橱窗、店内陈列道具、模特、灯光、音乐、海报、人形化服务等元素的综合规划，对销售店面的内部和外部进行风格化布局设计以及产品陈列设计规划。目的是按照企业 CIS 系统建立终端视觉销售系统，以提升产品品牌形象，有效地进行产品销售。

(一) 服装陈列基本要求

1. 最基础的要求：整洁、规范

服装产品本身就是美化人体的商品，保持整洁的销售环境是最起码的要求。例如，物品摆放整齐、灯光明亮、地面和道具上面保持干净，价格清晰，保持良好的服装陈列形态等。

2. 进一步要求：陈列合理、和谐

店面陈列规划合理可以有效地增加客流量、可以吸引消费者的视觉，可以引导性地让消费者进行服装的挑选。服装陈列要符合人体工程学，便于顾客查找；服装分区要符合品牌产品的特点，方便产品组合营销以及促销活动的展开。（图 2－1－1）

3. 突出时尚感、体现产品设计风格

作为快速消费生活必需品的服装，其产品更新速度越来越快。这就要保证卖场的时尚

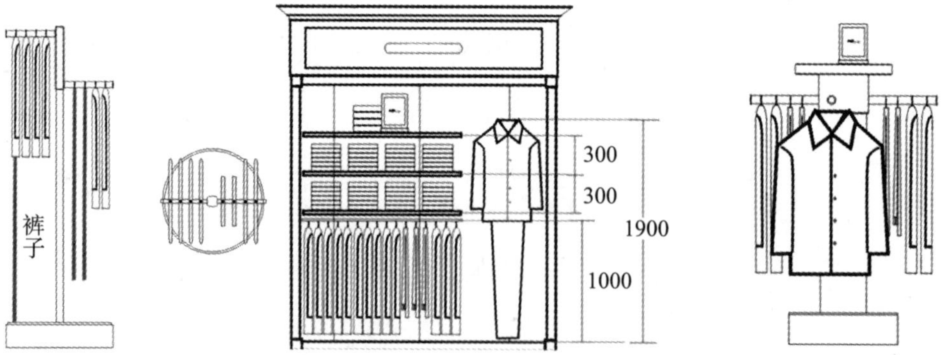

图 2－1－1 符合人体工程学的科学陈列

感,可以使顾客很容易地了解到主推新品、流行色彩与款式,从而引导消费。另外,服装卖场也是服装品牌文化的一个重要体现点,从整个卖场的布局,产品的摆放,橱窗的设计,陈列的风格上都要保持自己的风格,富有个性。

对于针织服装品牌的终端卖场来说,由于产品品牌发展的状况良莠不齐,而有意地规范,是为了在现有服装终端市场中形成更为风格显著的针织服装品牌形象,从而推动针织服装品牌化的发展。

针织品牌需要找准自己的定位,这样的品牌才能够得到商家的认可。

一般,首选渠道是商场和专卖店,任何渠道都有不同的档次,有些品牌为了更大限度地占领市场,不顾及品牌自身的定位,在各个方面,各种档次全面展开,这种做法表面看似把品牌做大、做响,其实属于泡沫卖场经营,很难做长久,无法在一种档次中展现自己的实力,最终无法取得商家以及顾客的支持;事实上,品牌定位必须做到准、细、窄,找到或策划与其品牌档次、定位、风格相适合的商场与专卖店。只有切合的定位得到满足,才能形成持续型增长。

现在我国商场还没有完全找准自己的定位,但是它们已经意识到这种势在必行的趋势,正努力调整确定,商家和顾客也希望找准定位,这期间就需要品牌商的配合,如果品牌商还没有找准自己的卖场定位乃至整个风格档次的定位,什么商场都想进,那么很难得到商家和顾客的认可与青睐。

以上在选择卖场方面讲述现阶段的趋势,下面说一下针织品牌的卖场建设:

统一的专卖店形象建设给消费者带来强烈的视觉冲击力,从而产生深刻的记忆。这方面要求企业在专卖店形象上,严把设计关。

为了更好宣传品牌,在专卖店的设计上,应追求视觉冲击力,要使商业展示空间在五彩缤纷的都市环境中引人注目,就必须依靠视觉冲击力,它依赖于色彩、造型、面积、形式等诸因素的对比组合,在人们经过的瞬间,加强视觉吸引,引发视觉兴奋,从无意识到有目的地关注商品,引发购物行为。

应突出商业品牌的标识,商业门面的设计必须突出店名、商号与品牌标志,达到宣传品牌、招揽顾客、让消费者产生兴趣,进店选择购物的目的。

务必要求各加盟商严格执行公司的政策。我们经常看到或听到因为公司执行不力,而导致加盟商因为经费问题或材料问题,使得全国各地的专卖店形象不同,无法很好的对品牌进行统一宣传的后果。

因此,品牌店面的统一性及协调性是针织品牌形象推广的重要因素。科学完善的组织管理,规范化的 VIS 在品牌形象系统的运作流程中起着至关重要的作用。

(二) 针织服装陈列

陈列策划字眼对服装品牌来说早已并不陌生,尤其是一些时尚女装,在陈列上已经有很大突破,可针织类服装却对陈列大都持怀疑和观望态度。

针织类服装大多以单品为主,产品结构单一,设计风格也不像时装类丰富多彩,因此往往很多针织品牌企业认为没有陈列的必要或很难陈列出好的效果。其实,恰恰相反,单品服装更需要通过出色的陈列策划来突出品牌内涵，提升品牌形象。

以羊绒毛衫类为例，羊绒服装的陈列以胸腔模特展示为主，若一排一排地展示，展示也毫无章法可言，没有色系，没有风格，也无完整的搭配，品牌与品牌之间的区别就是品牌LOGO和装修风格之间的区别，羊绒品牌销售更大层度上依赖品牌知名度及导购人员的热情服务和销售技巧。此外，羊绒品牌有很强的区域性，只有个别品牌能在全国市场取得不错的销售业绩，多半是经过多年的市场积累及广告投入，在羊绒品牌上销售遥遥领先。最近有少数几家羊绒衫品牌已在陈列上有所意识并在终端有所表现，如"鄂尔多斯"、"珍贝"、"贝佳尔"、"米皇"等，特别是"米皇"和"贝佳尔"，通过提升终端卖场的陈列已取得了可喜的市场业绩。

当今的消费者越来越理性，品牌在提升产品质量的同时更需要提升品牌的文化内涵，怎样在卖场终端合理地表现品牌内涵，需要合理的陈列策划来完成。对针织产品的陈列可以从以下几个方面来完善：

1. 丰富出样手法

改变原有呆板的一字排开的摆放方式，可适当错落有致地摆排展架，加强出样的节奏感。当然，这需要店面柜体道具的支持，需要在店面设计时就能很好考虑到出样的效果。

增加一些帮助出样的辅助道具，除了模特、普通衣架之外还可根据产品特性增加一些特色道具。

模特出样、正挂、侧挂、叠装之间应有很好的互动，每组墙体或中岛应组成一个完整的展示区域。模特出样能突显该墙体的设计风格或亮丽色彩，正挂能加强顾客对这组产品印象，侧挂能丰富产品的种类或色彩，叠装备货的同时丰满卖场。各种出样手法应协调互补。

2. 合理的突显产品设计特色

每件产品能到终端卖场，都是经过层层筛选，凝注了设计师及众多人员的心血，因此每件产品都有其特别之处，这就需要陈列策划人员对产品深入了解，找准该产品的精彩之处，根据其特点推出最合适的展示方法。

针织产品的设计手法主要会有：特色针法、装饰辅料、烫钻、特殊板型、拼色等。怎样突显不同设计手法的产品需要合理的陈列策划。

3. 色彩多而不乱、素而不闷

针织类产品要么就像毛衫类品牌五颜六色，要么就像有些内衣品牌色彩单调，以基本色为主。往往会看到有些毛衫品牌卖场里一个墙体上会出现很多个颜色，看得眼花缭乱，当然有些是因为本来柜位就小，总共 20 m^2 左右的卖场要展示那么多的产品会有些杂乱。不足 20 m^2 的小店也可有很好的色系规划，两个正挂、两个或多个半身模特等都可组成一个小的色系区域。而一般超过 20 m^2 的卖场都有足够的空间来把产品按色系展示，色系无需太多，3～5 个色系就好，色系划分应考虑到色彩本身表象的同时还应考虑冷暖色的搭配，还有基本色、流行色、品牌独有色等，这都需要陈列师有很好的专业素养。

4. 搭配完整

搭配可能是很多针织品牌最欠缺的，因为大多针织品牌多以单品为主，所以产品出样上都不完整。以模特出样为列，毛衫类品牌会给毛衫搭一条很不协调的裤子或裙子，很多针织类品牌的模特出样时都不会特意搭一双鞋。

因此针织品牌的搭配一定要注意如下几点：

为模特配上一条适宜的裤子或裙子，别小看了下装搭配的作用；为模特穿一双合适的鞋；如果搭配上一条项链、一条丝巾或配一个包会让产品更出色的话，那就这么做，当然要注意适可而止，不要过度。记住，所有的搭配都是为了突出产品，不要喧宾夺主。

5. 适当氛围道具装饰

适当的氛围道具能在突显品牌文化的同时让卖场更有亲和力，卖场应弱化商业氛围，尽量让顾客感到轻松，适当的氛围装饰可能会给卖场起到画龙点睛的作用。

上面几点只是讲了改善针织品牌陈列的几个方面，真正要做好还需要做出很多其他方面的努力，卖场对针织品牌非常重要，根据不同的品牌文化有不同的表现方式。只有不断完善产品质量、提升品牌内涵、加强陈列意识，不断的突破自我，才能打动更多消费者。

二、卖场构成以及规划

服装卖场由于商业环境、经营者经营成本的投入、服装产品需要等因素，其店面的大小和店内布局也不尽相同。另外，针织企业在不同的销售区域的不同销售地段也需要分规模建立自己的专卖店。所有这些客观因素都影响到了终端卖场的布局。（图 2-1-2，图 2-1-3）

布局规划的基本原则为：①充分利用空间；②合理规划展示空间；③科学增加顾客店内逗留时间等。

一般来说，卖场的构成要在保证功能性的同时体现品牌风格，为了做到简洁实用，通常都分为：引导区、产品展示区、服务区三个主要方面。（图 2-1-4）

1. 引导区

引导区一般位于卖场的最前端，是顾客走进卖场最先触及到的区域。它的功能主要是

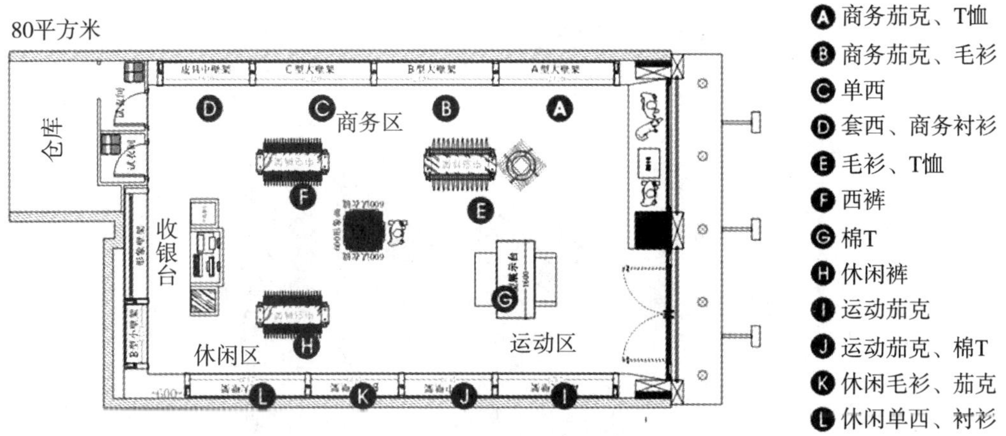

图 2-1-2 80 平方米的针织服装卖场平面规划图

告知顾客产品的品牌特色，透露该店的销售信息等，是销售的引导阶段。

当顾客在逛街的时候，不断地在众多的店面中寻求自己需要的、喜欢的产品。其心中一般会考虑三个方面的因素：符合自己风格的服装、符合自己消费价格的产品、舒适的销售气氛。当一个符合以上三个要素的店面映入眼帘的时候，顾客便很容易进入，增加产品成交的可能性。

导入部分一般包括：店头、宣传海报、流水主推促销区、POP 看板、出入口等元素。

图中实线、虚线展示的是消费者的主动购物路线以及店内店员的主动服务路线。

2. 产品展示区

从引导区进入，就是卖场的主要部分：产品展示区，这一部分是风格化陈列的主要区域。在保证便于客流的分散流动，有效进行产品展示的前提下，要努力做到两点：一是可以

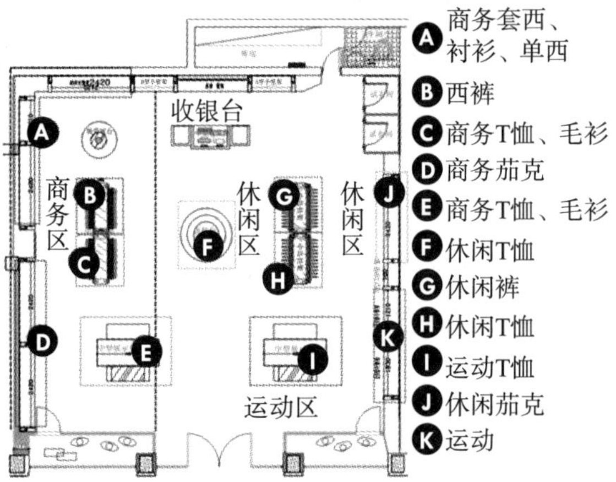

120 m²

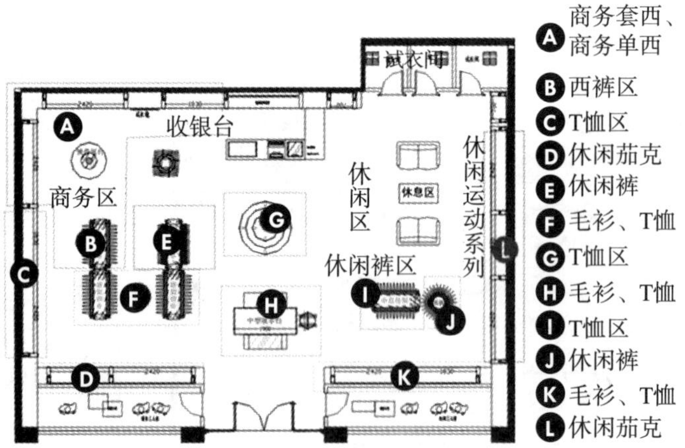

150 m²

图 2-1-3 120 m²、150 m² 的针织服装卖场平面规划图

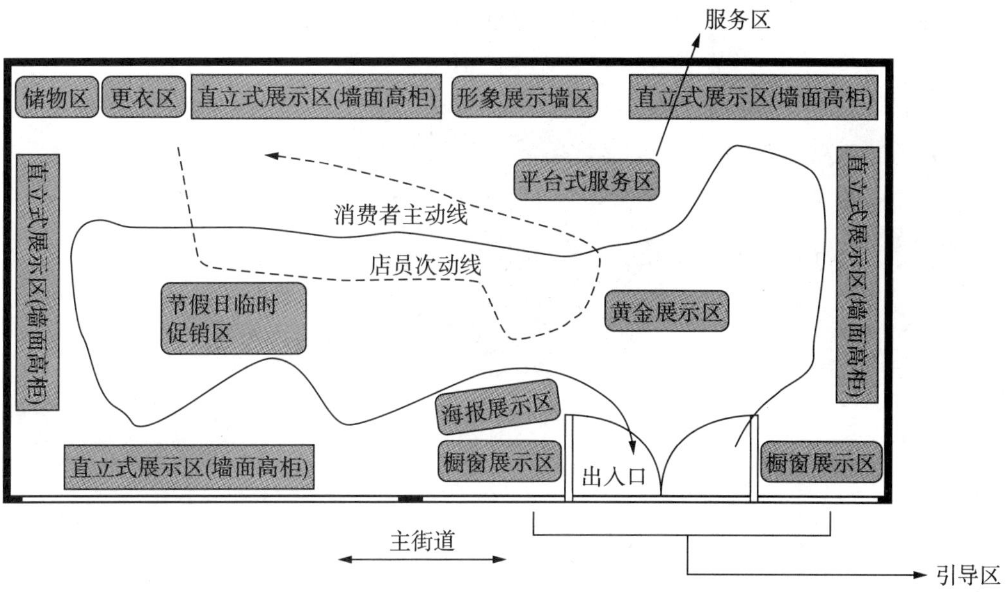

图 2-1-4 终端卖场区域划分示意图

形成自己产品陈列的特点;二是能够有更多的时间吸引顾客的眼球,靠货架的摆放、产品的突出展示等手段增加顾客个体在店内的停留时间,增加产品了解时间,增加产品成交可能性。

一般说来,在这个区域要大量的使用陈列道具,包括:风车架、圣诞树架、高架(柜)、低架(柜)、边架(柜)、中岛架(柜)、饰品柜、鞋柜、精品架(柜)等。如图 2-1-5 所示,展示了部分服装陈列道具。

3. 服务区

服务区是为了更好地辅助卖场的销售活动,使顾客体验品牌服务,充分享受品牌价值。在市场竞争激烈的服装市场,建立完善、良好的终端服务已经成为众多企业的共识。服务区主要分散为:试衣间、盥洗室、等候区、收银台等。

(1) 试衣间

试衣间要保持清新的空气,必要的拖鞋、镜子、衣服挂钩、椅子等配套设施要整齐、干净。另外,在试衣间内进行人性化服务也是店面的一个特色发展方向。

(2) 盥洗室

简洁、实用、卫生是最基本的要求,注意人性化服务。通常也是大型的卖场才会设立的服务区域。

(3) 等候区

等候区(休息区),是为了顾客短暂休息、等待而设置,保持座位的整洁、手边产品宣传单页、时尚手册、时尚音乐、清新的空气是必要的元素。这个区域也是增加顾客逗留时间的有效手段,但是会占据产品展示区域空间,属于选择性服务区域。

1. 圆形挂架图例
2. 高低站台图例
3. 蛋糕站台图例
4. 中导单线挂架图例

图 2-1-5 常用服装陈列道具一

(4) 收银台

收银台是每个店面基本都有的服务区,除了传统的进行最后交易的功能外,现在许多的卖场还在这个区域增加了会员服务区域、产品整烫区域等售前/售后服务功能。

接下来,我们将重点分析一下试衣间和收银台:

① 试衣间的规划

试衣间通常放置在卖场的深处,其原因主要是可以充分利用卖场空间,不会造成卖场通道堵塞,同时,可以保证货品安全。此外,可以有导向性地使顾客穿过整个卖场,使顾客在试衣的过程中,不断浏览商品,增加二次购买的机会。

试衣间的位置要方便顾客寻找,在试衣间的周围可以多设置几面镜子,便于顾客试衣。试衣间的数量要根据卖场规模和品牌的定位而决定,数量要适宜。试衣间的空间应该满足一个人充分伸展;由于空间相对较小,要保证空气的清新以及卫生。

在试衣间里试衣镜就是比较重要的配套设施,应该给予足够的重视。镜子的大小要合适,放置在适当的位置,高度要有所控制,灯光要足够明亮。但是过于精美的试衣间往往会耽误试衣节奏。所以在卖场中另外设置适量的开放型的试衣镜是非常有必要的。

② 收银台的规划

收银台通常设立在卖场的后部，主要是考虑顾客的购物动线、货款安全、空间的合理利用，便于对整个卖场的销售服务进行调度和控制。

卖场收银台的设置主要以满足顾客在购物高峰时能够迅速付款结算。根据不同的品牌定位，收银台前还要留以充足的空间，以满足节假日顾客多的情况。一些中、低档的服装品牌，还要考虑顾客在收银时候的等待状态。同时为了提高销售额，收银台上或附近可放置一些小型的服饰品，以增加连带消费。

第二节 针织服装店面内部陈列

服装店面内的陈列看似简单，实际上还是需要费一些心思的。一般来说，服装店的陈列一般分为店内和店外两个方面，细节各有不同。在店内陈列时，如何充分利用空间，使其符合人们的视觉习惯，体现视觉艺术和展示艺术，方便消费者购买是编者在这里要讲述的。

一、店内陈列的构成原则

在服装卖场中，既涉及货架的组合，货品之间的组合，也有道具和货品的组合。陈列的形态组合要从美学、管理和销售等诸多角度来综合考虑。

虽然服装有众多的品类，但在终端陈列中基本上应遵循以下几项原则：

（一）保持序列感

没有一个顾客愿意在一个杂乱无章的卖场中停留，特别是在品牌林立的今天。整齐和有秩序的卖场不仅可以使顾客在视觉上感到整洁，同时，也可以帮助顾客迅速地查找商品，节省时间。

因此，卖场中货品的造型，首先要打理得整整齐齐；货品进行分类放置，排列要有次序和规律，整个卖场要保持一致的尺寸顺序，使顾客可以迅速地寻找到所需尺码。侧挂时，采用从左到右，由小到大地原则；隔板上的叠装，遵循从上到下，由小到大的原则，这也是从顾客视觉的次序性和选购物品的便捷性来考虑的。

（二）体现整体性

卖场中每个货品的形态和造型一定要与卖场整体的布局和效果相配，有些陈列师喜欢把卖场中的各个部位都做成各种风格的效果，虽然局部效果很好，但是从整个卖场看来却非常繁琐，缺乏整体感。

国外很多的陈列都做得非常简洁，这并不代表陈列师不懂得做造型，而是懂得货架上的服装只是合唱团的一员，必须和整个队伍形成一体，一味地强调自我，只能破坏整场演出的效果。

（三）展示美感

陈列的主要目的是为了吸引顾客的目光，激起顾客的购物兴趣。“白领”前总陈列师田燕曾说过，“产品再好，陈列得跟抹布似的，顾客看不出好来。将这块抹布熨烫得平平的，再戴上花，就可以卖一千块钱。”由此说明只有一个美的物体才能吸引人，陈列的首要任务就是要将服装的美感展示出来，美的陈列才可以使产品增值。

（四）符合品牌风格

陈列的造型必须和品牌的风格相吻合。品牌风格就如人的性格，每一个品牌都应有自己独特的陈列风格. 我们应该不断地探索，寻找一些适合自己品牌的陈列造型和方法。

（五）满足货品的商业排列规则

组合的方式要合理且能带动销售，使顾客的购买方便，让导购员的销售和管理便捷。如在商务针织休闲装的陈列中，将正挂、侧挂、叠装三种陈列形式组合在一个陈列面中，正是吻合了顾客购物时“看、试、买”几个购物环节，使顾客购物感到便捷。而在时尚感极强的T恤、毛衫陈列中经常采用的搭配陈列方式，就是在一个陈列柜中有意识地进行上下装束以及配饰品的搭配陈列。主要是为了方便顾客的搭配，同时可以进行引导性的连带销售。

二、针织服装的常见店内陈列方法

根据品牌定位和产品风格的不同，卖场的陈列形态也各有不同，常见的主要有：叠装陈列、侧挂陈列、正挂陈列、人模陈列、装饰品陈列、精品展示。

（一）叠装陈列（包装式陈列）

叠装陈列的特点：

① 充分利用卖场的空间，提供一定的货品储备；

② 能展示服装部分效果，大面积的叠装组合还能形成视觉冲击；

③ 丰富陈列形式，和其他陈列方式相组合，增加视觉上的变化；

④ 体现本系列服装的色彩搭配。

叠装陈列在休闲和运动类的卖场中较为常见，主要是从服装面料和款式的特点考虑。一个大众化的消费品牌，价位较低，日销售量较大，店铺中需要有一定数量的货品储备，为了达到充分利用卖场的目的，也大量采用叠装的陈列形式。（图 2-2-1）

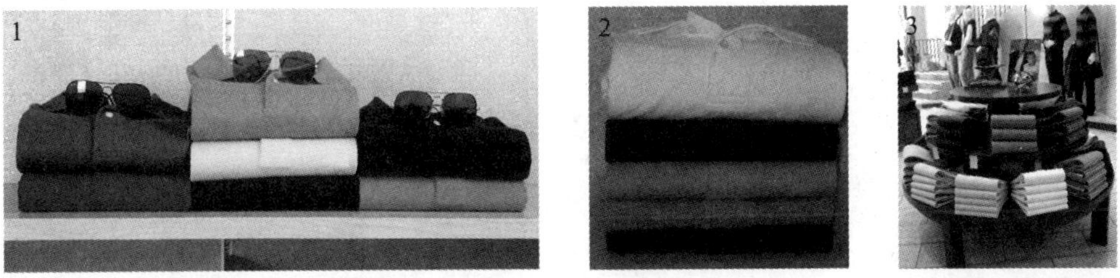

壁柜顶层板陈列　　壁柜顶层板陈列　　蛋糕台上叠放陈列

图 2-2-1　针织服装的叠放展示

叠装的基本要求：

① 每件服装必须要拆去外包装，要做到平整，肩位、领部要整齐，吊牌不外露；

② 每叠服装折叠尺寸要相同，如每叠服装尺码不同，尺码排列从上到下，由小到大；

③ 应尽量将图案和花色展示出来，同时上下要对齐；

④ 叠装陈列附近应同时展示同款的挂装，使顾客能更详细观看或进行试衣；

⑤ 层板上每叠服装的高度要有秩序，间隙要合适，一般不少于一个手掌的宽度；

⑥ 叠装适合一些不易留下折痕的服装；普通的针织服装还是可以进行叠装的，前提是保证无褶皱，无粘连，无染色。

(二) 侧挂式陈列(拟着装式陈列)

侧挂陈列的特点：

① 体现组合搭配，方便顾客进行类比。顾客可以从货架上同时取下几件衣服进行比较，另外也可以方便导购员进行搭配介绍；

② 服装占用的空间面积小，卖场存储货物的利用率较高；

③ 服装整理简单，取放便捷，放入和取出货架都很方便，因此，休闲装经常采用侧挂的方式；

④ 保形性较好。侧挂陈列服装是用衣架挂放的，这种陈列方式非常适合一些对服装平整性要求较高的高档服装，如精纺羊绒衫，针织时装等。

侧挂陈列还特别适合一些服装款式较多的品牌，女装陈列通常就是以侧挂作为卖场中主体的陈列方式。侧挂陈列的这些优点使得它成为各类服装品牌最主要的陈列方式。(图 2-2-2)

侧挂陈列的基本要求：

① 衣架、裤架上的服装款式应该统一，挂钩一律朝里，以保持整齐和方便顾客取放；

② 衣架、裤架相间排列组合会形成有趣的效果；

③ 衣服要熨烫，整理的整齐、干净，尽量保持出穿着时的状态，注意钮扣、拉链、配件的状态；套头针织衫要从下摆处放入衣架，以免在拉拽衣领时使其变形；

④ 数量规范。侧挂陈列既要避免太空，也要避免太挤，通常用手把衣服推向一边时，服装紧密排列后以留出 1/3 的位置比较适宜。

高位侧挂式陈列

低位侧挂式陈列

图 2-2-2 针织服装侧挂式陈列

(三) 正挂式陈列(图 2-2-3)

正挂陈列的特点：

① 能进行上、下装和饰品的搭配展示，强调商品的款式细节风格和卖点，吸引顾客购买；

② 取放比较方便，可以作为样衣给顾客试穿；

③ 展示性较强，可以较好地给消费者穿衣感受。

正挂陈列的基本要求：

① 衣架款式统一，挂钩一律要朝左放置，方便顾客取放；

② 可以进行单件的服装陈列，也可以进行套装的展示，注意细节，吊牌不外露；

③ 要考虑和周围陈列服装风格匹配，长短要协调；

④ 通常在正挂陈列的周围要有同系列的服装的侧挂陈列，方便消费者比较。

内衣正挂陈列

休闲装正挂陈列

图 2-2-3 针织服装正挂陈列

(四) 人模陈列

人模的造型比较多，从风格上划分有写实和写意两种：前者比较接近真实人体，后者比较抽象。从形体上分还有全身人模、半身人模以及用于展示帽子、手套、袜子等配饰的头、手、腿等局部人模等。(图 2-2-4)

人模陈列的特点：

① 人模陈列的优点是将服装用最接近装着状态的方式进行展示，一般对精品以及主推产品进行形象的展示，可以很好的体现出产品风格和着装效果；

② 缺点主要是占用的面积较大，穿脱衣服不方便，所以一定要控制整个卖场中人模的比例，真正起到点睛之笔的作用。

人模陈列的基本要求：

① 同组的人模风格、色彩、高度应该是匹配的；

精品针织袜的袜模展示

全身人模展示

半身人模展示

图 2-2-4 针织服装的模特陈列

② 除了特殊的设计外，人模上、下身均不能裸露；

③ 除了特殊的造型外，要将人模的四肢保持完整；

④ 不要在人模上粘贴任何装饰性的物品。

（五）配件、装饰品陈列（图 2-2-5）

装饰性陈列的特点：

装饰、配件虽然相对价位比较低，但是如果进行合理的陈列，不仅可以丰富卖场的陈列效果，同时可以增加连带性消费的几率；在每一季的系列化设计中都会相应的有配件以及装饰设计，要在陈列时和服装进行搭配陈列，要集中展示，不要分散装饰。

装饰性陈列的基本要求：

① 除了在店面中有专门的配饰展示区外，还要在收银台的地方进行适当的陈列展示，以增加提示性的促销暗示；

② 重复性陈列可以增加视觉短期记忆，反复激发购买意识；

③ 与人模和正挂服装进行搭配陈列，丰富系列与空间；

④ 饰品要分类陈列，要强调整体性，化繁为简；

⑤ 对于一些小件饰品要进行安全性的考虑，避免非必要事件发生。

收银台中进行配饰陈列

系列腰带的集中陈列

图 2-2-5 针织服装的配饰陈列

(六) 精品展示

精品展示的特点：

当然，这种陈列方式也不是必须的。但是对于品牌风格明确的服装，这是一个很好的宣传窗口，是吸引消费者眼球的展示方法。通常是要对风格性设计中最为清晰、经典的服装进行装饰性的展示，这种展示是静态展示中时间较长的一种。产品需要在安全的环境下展示。

精品展示的基本要求：

① 陈列空间不一定大，但是位置一定要显著；

② 陈列周围一定要营造精品氛围，如必要的指示、产品风格说明等；

③ 展示的商品要定期的更换，进行不同系列产品的宣传；

④ 避免在精品展示区中标出价格，不要打破消费者的“美梦”。

三、陈列组合方式

从卖场陈列的形式美角度分析，目前服装卖场中常用的陈列组合方式有对称、均衡、重复等几种，如图 2-2-6～图 2-2-8 所示。

(一) 对称法

即以一个中心为对称点，两边采用相同的排列方式。这种陈列形式的特征是具有很强的稳定性，给人一种规律、秩序、安定、完整、和谐的美感，因此在卖场陈列中被大量应用。对称法不仅适合比较窄的陈列面，同样也适应一些大的陈列面。但是在卖场中过多地采用对

图 2-2-6 常见对称法陈列示意图

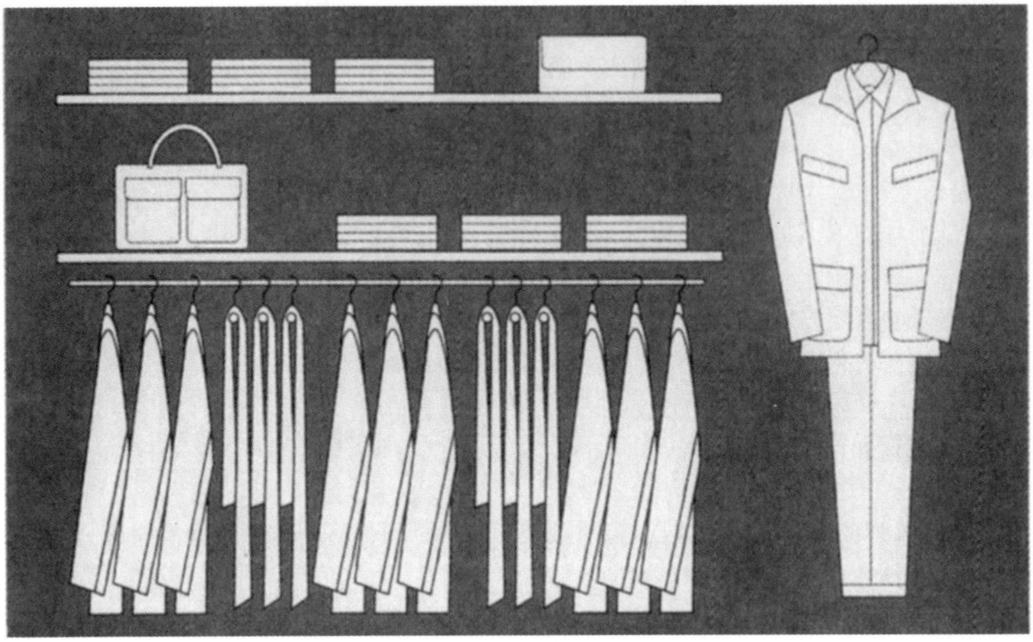

图 2-2-7 常见均衡法陈列示意图

图 2-2-8 常见重复法陈列示意图

称法，也会使人觉得四平八稳，没有活力。因此，一方面对称法可以和其他陈列形式组合使用；另一方面，在采用对称法的陈列面上，还可以进行一些小的变化，以增加陈列面的形式感。（图 2-2-9）

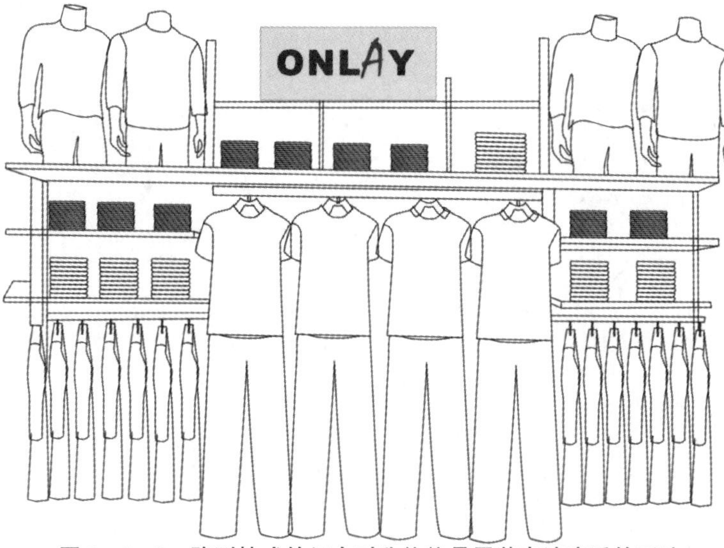

图 2-2-9 陈列挂式的组合对称往往是男装表达庄重的手法

（二）均衡法

卖场中的均衡法打破了对称的格局，通过对服装、饰品的陈列方式和位置的精心摆放，获得一种新的平衡。均衡法既避免了对称法过于平和、宁静的感觉，同时也在秩序中营造出一份动感。

另外，卖场中均衡法常常是采用多种陈列方式组合，一种均衡排列的陈列面常常就是一组系列的服装。所以在卖场用好均衡法既可以满足货品排列的合理性，同时也可以给卖场的陈列带来几分活泼的感觉。（图 2-2-10）

图 2-2-10 均衡法在橱窗中的应用

(三) 重复法

是指服装或饰品在单个货柜或一个陈列面中,将两种以上不同形式的服装或饰品进行交替循环陈列的一种方式。

交替循环会产生节奏,让我们联想到音乐节拍的高低、强弱、和谐,因此卖场中的重复陈列常常给人一种愉悦的韵律感。(图 2-2-11)

图 2-2-11 绿色黄色的重复性陈列贯穿整个陈列面

四、针织服装的色彩陈列操作方法和规划

陈列色彩陈列操作方法

根据色彩的原理和特性,再结合服装陈列的一些特点,服装卖场中通常有以下一些具体的陈列色彩搭配方式,为了通俗易记,根据其搭配特点,把这些陈列方式分为:渐变法、间隔法、色谱法三种。(图 2-2-12,图 2-2-13)

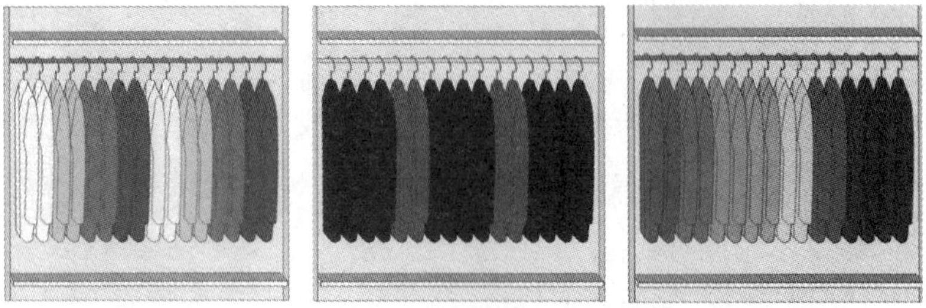

A. 渐变法　　B. 间隔法　　C. 色谱法

图 2-2-12 卖场中经常使用色彩搭配方式

图 2-2-13 卖场中叠装中经常使用的色彩搭配方式

(一) 渐变法

无论是同色相还是不同色相的色彩，都会有明度的差异。如同一色彩中，淡黄比中黄明度高；在不同色相中，黄色比红色明度更高。明度是色彩中的一个重要指标，因此好好地把握明度的变化，可以使货架上的服装变得有次序感。（图 2-2-14）

图 2-2-14 渐变法在挂装上的应用

将色彩按照明度深浅的不同依次进行排列，色彩的变化按照梯度递进，给人一种宁静、和谐的美感，这种排列法经常在侧挂、叠装陈列中使用。渐变排列法一般适合于明度上有一定梯度的类似色、临近色等色彩。但如果色彩的明度过于接近，就容易混在一起，反而感到没有生气。

渐变法在实际运用中有以下方式：

1. 上浅下深

一般来说，人们在视觉上都有追求稳定的倾向。因此，通常在卖场中的货架和陈列面的色彩排序上，一般采用上浅下深的明度排列方式，就是将明度高的服装放在上面，明度低的服装放在下面，这样可以增加整个货架上服装视觉的稳定感。在人模、正挂出样时通常也采用这种方式。但有时候为了增加卖场的动感，也会采用相反的手法，如一件黑色上衣，下面搭配一条白色裤子等。上深下浅的方式主要是为了增加卖场的动感。

2. 左浅右深

实际应用中并不是那么教条，不一定要左浅右深，也可以是左深右浅，关键是卖场中要有一个统一的色彩排列规范。这种排列方式在侧挂陈列时被大量采用，通常摆在一个货架中，将一些色彩深浅不一的服装按照明度的变化进行有序排列，会在视觉上产生一种井井有条的感觉。对一些挂竿较长的货架，为了防止左右色彩的失衡，可以采用几个循环来排列。

3. 前浅后深

服装色彩明度的高低，也会给人一种前进和后退的感觉。利用这些色彩规律，可以有意地将明度低的系列放在卖场后部，明度高的系列放在卖场的前部，以增加整个卖场空间的层次感。

(二) 间隔法

卖场侧挂陈列中采用最多的一种方式。

1. 主要原因

间隔法是通过两种以上的色彩间隔和重复，产生一种韵律和节奏感，使卖场充满变化，使顾客感到兴奋。

卖场中服装的色彩是复杂的，特别是女装，不仅款式多，而且色彩繁杂，有时候在一个系列中很难找出一组能形成渐变排列或色谱排列的服装组合。而间隔排列对服装色彩的适应性较广，正好可以弥补这些问题。

间隔法由于其灵活的组合方式以及适用面广泛等特点，同时加上其视觉效果，在服装的陈列中被广泛运用。间隔法虽然看似简单，但在实际的应用中，服装不仅有色彩的变化，还有长短、厚薄、素色和花色等变化，所以必须综合考虑。服装件数间隔所带来的变化，也会使整个陈列面的节奏产生丰富变化。(图 2-2-15)

图 2-2-15 间隔法的运用

2. 侧挂间隔法

包括形态间隔和色彩间隔两种方式。

形态间隔：用裤架、衣架的进行间隔，因为衣架和裤架造型的不同也会形成不同的效果。

色彩间隔：用色彩进行间隔，使色彩变得有趣味性。（图 2－2－16）

图 2－2－16 红绿白三色间隔的综合应用

3. 侧挂色彩陈列步骤

① 先将服装的色彩进行分类；

② 规划好各陈列柜的主色调；

③ 将主要的色彩挂进去；

④ 将搭配的色彩放进去；

⑤ 再调整色彩的排列，包括位置和数量；

⑥ 有破坏感的色彩要拿出来。

间隔法的原理就是采用明度或彩度较高的对比，使柜子变得更加精神。因此，我们可以在卖场中进行广泛的运用。

（三）色谱法

就是按照色相环中的红、橙、黄、绿、青、蓝、紫的顺序进行排列，保证冷暖色序，给人一种非常柔和、奇妙、和谐的感觉。（图 2－2－17）

色谱法主要采用一些色彩比较丰富的服装品牌中。另外，可以应用在一些装饰品中，如丝巾、领带等。除了个别服装品牌，这种色彩如此丰富的服装品牌，在实际中还是比较少的。

针织服装的色彩陈列规划

一个卖场就是一幅美丽的画面，要画好这幅画，首先就要确定这幅画的色彩基调，然后进行细节的描绘。由此可见，针织服装卖场中的色彩陈列既要注重整体色彩感觉，又要注重各个陈列区域的色彩陈列细节。

成功的色彩规划不仅要做到协调、和谐，而且还应该有层次感、节奏感，能够吸引顾

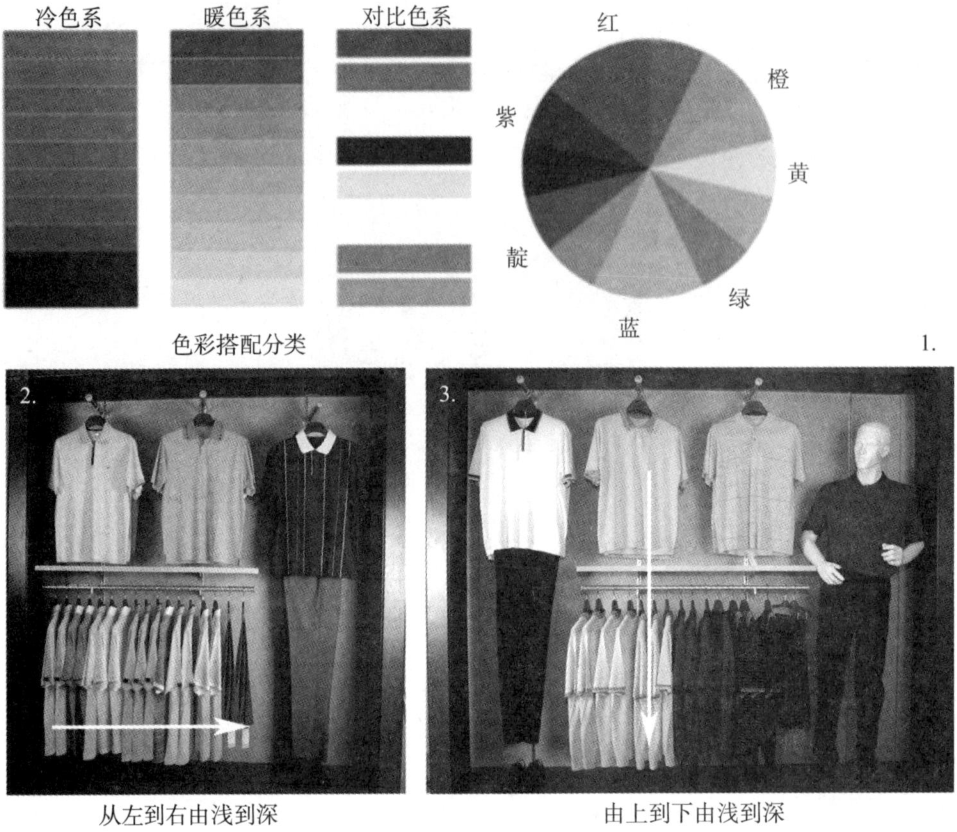

图 2-2-17 色彩陈列基本原则

客进店，并不断在卖场中制造“惊喜”，更重要的是能用色彩引起顾客购买的欲望。一个没有经过色彩规划的卖场常常是杂乱无章、影响消费者视觉感受，对品牌推广起到负面效果。

针织服装卖场的色彩要按照企业 VI 视觉识别系统的规划，从“大”到“小”进行规划：卖场总体的色彩规划－陈列组合层面的色彩规划－单柜(单区)的色彩规划，这样才能既在整体上掌握卖场的色彩走向，同时又可以把握好个别产品的细节展示。

如图 2-2-17 所示，图 1 色彩陈列的基本色彩系列有对比色系、暖色系、冷色系等；图 2、3 展示了从左到右、从上到下颜色由浅到深的陈列基本法则。而考虑具体的情况时，需要具体问题具体分析：

(一) 分析卖场服装分类特点

根据服装设计风格、销售方式、消费群体的不同，服装品牌对卖场的商品配置都有不同的分类方式。卖场的商品配置分类通常按色彩、性别、款式、价格、风格、尺码、系列、原料等方法进行分类。

不同的分类方式，在色彩规划上采用的手法也略有不同，因此在做色彩规划之前，一定要清楚本品牌的分类方法，然后根据其特点再进行针对性的色彩规划。

1. 按色彩或主题的分类方式

按照色彩或系列主题的分类方式，在陈列色彩组合中就比较容易搭配。因为服装设计师在设计阶段就已经考虑本系列色彩搭配的协调性，陈列时只需按照色彩搭配的一些基本方法做就可以。

2. 按类别以及非色彩分类

这种分类法通常是按照产品的类别、价格或规格进行分类，主要是考虑顾客购物时的主要购物决定。如商品打折时，不能因为促销而忽略保持日常的陈列，尤其是要在促销区中保持产品的基本陈列，保持产品品牌风格。

（二）把握卖场色彩平衡感

一个封闭式的卖场，通常有四面墙体，也就形成了四个陈列面。而在实际的应用中，最前面的一面墙通常是门和橱窗，实际上剩下的就是三个陈列面。这三个陈列面的规划，既要考虑光线对服装色彩明度上的影响，又要考虑三个陈列面的色彩协调性。

卖场陈列面的总体规划一般要根据色彩的一些特殊性进行规划。如根据色彩明度的原理，将明度高的服装系列放在卖场的前部，明度低的系列放在卖场的后部，这样可以增加卖场的空间感。对于同时有冷色、暖色、中性色系列的服装卖场，一般是将冷色，暖色分开，分别放在左右两侧，面对顾客的陈列面可以放中性色或对比度较弱的色彩系列。

另外，要考虑卖场左右两侧服装明度的深浅，特别是在各系列服装色彩明度相差很大时就更要引起注意。在陈列中必须把握左右的色彩平衡，不要一边色彩重，一边色彩轻，造成卖场左右色彩不平衡的情况。如图 2－2－18 所示：A、B、C 三个层次的呼应；D、E 两个明度高的色彩对于卖场中间服装色彩的均衡；F、G 顶部与地面的色彩设计使得卖场形成色彩平衡的感觉，更好地展示了服装的色彩美。

（三）制造卖场的色彩节奏感

一个有节奏感的卖场才能让人感到有起伏，有变化。节奏的变化不光体现在造型上，不同的色彩搭配也可以产生节奏感。色彩搭配的节奏感可以打破卖场中四平八稳的平淡局面，使整个卖场充满生机。卖场节奏感的制造通常可以通过改变色彩搭配的方式来实现。如可以将一组明度高的服装货柜和一组明度低的服装货柜在卖场中进行间隔组合，或有意识地将两组对比的色系相邻陈列，这些方式都可以增加卖场的活力和动感。如图 2－2－19 所示：A、B、C 分别是色彩不同的服装陈列，D、E 为不同色彩、款式的鞋，再加上 F 的灯光与 G 的打光处理使得整个卖场色彩节奏感很强。

五、针织服装卖场中灯光的使用

在陈列中光线可以影响展示商品的形状、色彩、空间感，光线也可以强化或弱化所展示

图 2-2-18 色彩感平衡的针织童装卖场陈列

图 2-2-19 色彩节奏感强的针织女运动装卖场

商品的效果，所以在掌握陈列技术后还必须对灯光的使用进行规划企划工作。

（一）光线照射方式

光的照射会产生不同的明暗效果，很好地运用这种明暗效果可以使服装具有更好的立体感、质地感，并且可以营造一种氛围。同样，光线由于照射角度和方向不同，会产生截然不同的效果，卖场陈列人员可以针对店面灯光进行调整和组合，以达到不同的视觉效果。如图2-2-20所示：1为侧光白灯，2为垂直漫射灯。

图 2-2-20 灯光下的模特针织陈列

光位是指光源相对于被照明物体的位置，就是光线的照射方向与角度。调节卖场中灯具的照射角度，会使服装产生不同的明暗造型效果。通常情况下，照射角度越正，立体感就越差；照射角度越偏，服装的立体感就会越强。

光线的照射角度主要分为以下几类：

1. 正面光

光线来自服装的正前方。被正面光照射的服装有明显的亮度感觉，能完整地展示整件服装的色彩和细节。但立体感和质感较差，一般用于卖场中货架的照明。

2. 斜侧光

指灯光和被照明服装成45°的光位，灯光通常从左前侧或右前侧斜向的方位进行照射，这是橱窗陈列中最为常见的一种照射光位，斜侧光照射可以使得模特和服装的层次感分明，立体感强。

3. 侧光

就是90°侧光，灯光从服装的侧面进行照射，可以使得被照明的服装明暗对比强烈。一般不会单独使用，要有辅助灯光加入。

4. 顶光

光线来自模特的顶部，会使模特脸部和上下装产生浓重的阴影，一般要避免。同时在试衣区，顾客的头顶一定要避免采用顶光。

各光线效果如图 2-2-21 所示。

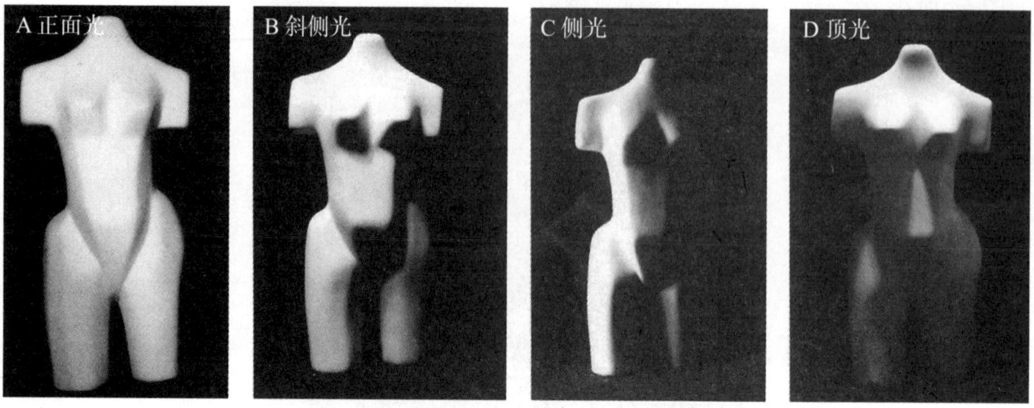

图 2-2-21 各种灯光效果

(二) 卖场中分区域进行照明

1. 橱窗照明

一个富有吸引力的橱窗,可以在短短几秒钟内吸引住行人,说服顾客光顾店铺。在橱窗的陈列中,灯光的效果功不可没,特别是在夜色中,橱窗里的灯光更是吸引顾客的重要因素。

由于橱窗里的模特位置变化很大,为了满足模特陈列经常变化的情况,橱窗大多采用可以调节方向和距离的轨道射灯。为了防止晕光和营造整体的展示效果,橱窗中灯具一般为隐藏的。传统的橱窗灯具通常都在橱窗的顶部,但由于其照射角度比较单一,目前一些国际大品牌的陈列多采用侧光,甚至在地面上增加射灯,以增加视觉效果。

橱窗分为封闭式、开放式和半开放式等类型。封闭式的橱窗由于可以进行相对独立的布光,自由度比较大;开放式、半开放式的橱窗必须要考虑与店铺内部相呼应。开放式橱窗由于与卖场是一体的,所以要考虑不同的店面形式,采取不同的灯光配置。如要强调橱窗,可以增加橱窗照明和亮度;如要强调店铺内的效果,可以在卖场中的某些区域作为重点照明。

2. 入口照明

当顾客被风格化的橱窗所吸引时,会考虑是否要进入店铺区看看,因此,入口处的灯光设计也显得非常重要,照明设计的要求也非常高。入口处的照明明亮,有特色,也能吸引顾客进入。

3. 货架照明

对于一些平面性较强,层次较丰富,细节较多,需要清晰展示各个部位的展品来说,应减少投影或弱化阴影。可以利用方向性不明显的漫射照明或交叉性照明,来消除阴影造成的干扰。这些服装需要突出立体感,可以用侧光来进行组合照射。

货架的照明灯具应有很好的显色性，中、高档的服装专卖店应该采用一些重点照明，可以用射灯或在货架中采用嵌入式或悬挂式直管荧光灯具进行局部照明。

4. 试衣区照明

试衣区的灯光设置是经常被忽视的地方，因为试衣区没有绝对的分界线，所以通常会将试衣区的灯光纳入卖场的基础照明中。因此我们经常会看到，试衣区的镜子前灯光往往亮度不足，影响顾客的购买情绪。

重视试衣区的设计是十分重要的，试衣区的灯光要求：色彩的还原性要好，因为顾客是在这里观看服装的色彩效果；为了使顾客的肤色更显好看，可以采用色温低的光源，使色彩稍微偏红色；没有布置试衣镜的试衣室灯光照明亮度可以低些，显得更温馨；试衣镜前的灯光要避免眩光。

综合以上的原则我们可以得到风格独特的卖场照明效果，如图 2－2－22 所示。

图 2－2－22 针织服装陈列中灯光的综合效果

六、按照针织服装品类进行陈列

编者根据常见针织服装款式的不同进行分类，从内衣类服装、运动休闲类服装、毛衫类服装、T 恤类服装、针织时装等不同款式进行陈列要点的分析。

(一) 内衣类品牌服装的陈列要点

1. 形态的调整

这里谈到的形态，主要是指内衣单品形态和组合陈列的形态。与其他的服装有所不同的是：内衣类产品主要是展示花纹、质感、情趣性以及功能性等要点。在产品展示的时候要通过灯光、空间、陈列道具等多种技巧突出产品以上的特点。

2. 色彩的渲染

内衣拥有柔和或鲜艳的色彩。所有的色彩都要给予很好的灯光表现，可以利用漫反光线进行有意的渲染，同时注重陈列区内由左到右色彩的渐变，不要显得生硬；并且陈列的时候要注意上下装的相应位置陈列，切忌颜色混乱。

3. 形成鲜明的档次感

每一类产品，都会有产品档次问题。对内衣来说，我们要倡导的是一种高附加值的产品销售，所以对于高档次的产品要进行引导和展示。这样就要有意地进行档次感的区别，这样不但可以突出精品，同时也可以带动常规产品的销售。

综合效果如图 2－2－23 所示，内衣展区涵盖 1～5 个展区，通过灯光陈列技术和其他的陈列技巧等可以得到下图的陈列效果。

图 2－2－23 针织内衣的综合陈列图

(二) 运动休闲服装的陈列要点

1. 突出鲜明的动态感

由于运动的特征，活力和自由是服装要表达出来的感觉。所以在陈列的时候，我们就要有意地进行动态感的处理，将模特摆放出动态姿势，生动鲜明地反映出穿着状态。当然这样的陈列要选取适当位置，起到画龙点睛的作用就可以了，注意位置和数量是关键。

2. 充分进行搭配引导

运动休闲类服装的穿着效果往往是需要进行搭配才可以表现出服装自身的风格，所以在静态展示中，我们也要尽量地将产品进行合理的搭配，这样的好处有：

① 可以很好地展示出整体的穿着效果；

② 可以很好地进行引导性购买，扩大消费者的连带购买范围；

③ 可以很好地进行库存产品的销售，在搭配中慢慢消化，保证利润。

3. 注意主题类的陈列

由于运动休闲服装的款式是比较多的，尤其是现在品牌产品众多的情况下，进行主题类产品的生产来进行市场区分效果显著。

（三）毛衫服装的陈列要点

1. 注意毛衫厚度的分类

消费者对于毛衫的需求中，一个非常重要的因素是厚度，这是关于保暖性的一个非常常见的因素。所以，我们必须要进行厚度不同的分类，在区分款式、色彩、质地、设计的同时，注重薄厚程度的划分，使得消费者可以快速找到自己想要的产品。

2. 突出产品的舒适感

毛衫类产品在外观上显得柔和、舒适，从心底给人一种温暖感。所以我们要有意地突出其舒适感。比如说，对于春秋季节的毛衫，我们要突出的是自然、浪漫的舒适感；对于冬季的毛衫我们需要营造的是一种丰满、保暖的舒适感。

3. 注重和梭织服装的搭配

毛衫一般都是要与梭织服装进行搭配穿着的，所以在其周围，不能一味地进行同类产品的陈列，有意地进行梭织物的单独陈列，注意针织与梭织的搭配陈列。一方面，可以很好的给消费者传达产品的搭配方式；另外，可以很好地进行产品风格阐释，促进连带性销售的机会。

如图 2－2－24 所示，我们可以看到 1 为厚型毛衫陈列区，2 为薄型毛衫陈列区，3 为外套

图 2－2－24 毛衫陈列卖场

陈列区，4 为衬衫陈列区。整体的毛衫陈列有序，突出整个冬季需求的显著特征。

(四) T 恤类服装的陈列要点

1. 突出图案的风格

T 恤类服装是款式相对简单的服装，变化多在于图案和材质。其宣扬的群体文化是什么，可以从产品的图案得到解答，所以针对这一点，我们需要对图案的风格，图案的独特性进行突出的展示。

2. 注意材料的质地表现

在图案表现以后，就是材质的展示，我们可以利用对比和重点突出的两种方式进行展示，前者是利用普通的棉质 T 恤进行材质的衬托，后者就是利用灯光和解剖式展示进行说明。所谓解剖式展示，就是将产品的原辅料进行展示，属于非常规展示的一种。

3. 突出主题类的陈列

每一个系列的 T 恤设计都是突出了一种生活态度。比如，幸福、浪漫、激情、深沉、环保、抽象等等。所以在陈列的时候，我们要充分地通过展示表达出这些主题，帮助消费者最快速地感受到设计的主题，联想到自己怎么搭配衣服等潜意识穿着体验。

如图 2-2-25 所示，1 为休闲针织服装卖场中 T 恤的陈列，2 为常见 T 恤风格小店陈列。

图 2-2-25 针织 T 恤卖场陈列

(五) 针织时装的陈列要点

1. 表现针织服装的意境

随着针织面料和成衣技术的完善，使得针织服装时装化成为潮流。时装的陈列更重要的是一种意境的表达，在这个意境中表达出穿着者的气质，表达出服装的风格：自由、古典、浪漫、科技等。

2. 进行适当的配饰陈列

时装的流行性是非常强的，往往需要进行适当的配饰搭配。在陈列展示的时候，我们要尽量营造出完整的穿着状态，所以要进行适当的配饰陈列。

3. 减少身材的暗示因素

时装性的服装往往对身高和体形有要求。作为大众型的时装，我们应该尽量减少这样的要求，缩短时尚与生活的距离，所以在一些款式的展示陈列中，应切忌进行过分的体形展示，缩短距离感，让消费者有机会进行选购考虑。

如图 2-2-26 所示，1 为卖场一侧陈列，2 为一个展区的陈列，3 为时装的模特陈列。

图 2-2-26　针织时装的陈列

七、针织服装终端卖场店内效果图(图 2－2－27,图 2－2－28)

图 2－2－27 时尚针织小店效果图

图 2－2－28 商场中运动卖场效果图

第三节 针织服装店面外部陈列

服装店内的陈列主要服务于消费者的购买环节，而服装店面外部的陈列更注重的是如何吸引消费者和更好地推广企业形象、品牌风格以及店面特点。

一、店外陈列的构成

通常情况下，我们认为专卖店外部的构成包括：橱窗、店门、停车位、店外服务区等（图2-3-1）。其基本的要求为：

橱窗，要具有鲜明的特色，可以既有区别性又要设计合理，不但可以吸引消费者的眼球，而且可以起到宣传店内销售活动，宣传主推产品的作用。

店门，要求具有基本的开放性，要与店内的风格相吻合；整洁，不要随意张贴海报招贴等；要有很好的亲和力；门口地面要整洁无污。

停车位，包括机动车和非机动车的位置，这样的设施不一定要功能性很强，但是可以起到影响消费者的购物热情，提高客流量的作用。在停车位范围内可以进行广告宣传，起到固定宣传的辅助作用。

店外服务区，这个区域没有严格的面积限定，但是却是非常具有感召力的区域。在消费者的认识中这个区域已经是店面的一部分了，所以在这个区域内要保证行人流动的顺畅性，严格保证行人流量，维持良好的氛围和卫生。

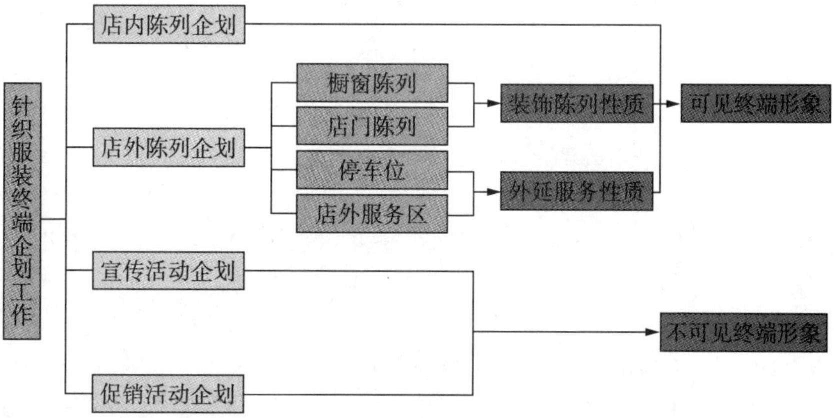

图2-3-1 针织服装终端企划工作点示意图

二、针织服装店面的橱窗陈列

根据不同的针织服装品牌，其主要经营的产品类别也不同，就是同一个品牌的产品，在不同的设计系列中也需要不同的陈列方式，按照不同的主题风格，进行定期的变化，增加情趣性和生动性。

一般来说，橱窗设计风格有以下几种(图 2-3-2，图 2-3-3)：

图 2-3-2　各种针织服装卖场橱窗风格一

图 2-3-3　各种针织服装卖场橱窗风格二

（一）随意型——自然化陈列

不尚装饰，不依赖道具或弱化道具在陈列中所占的视觉分量，将展品做自然的摆放，给人以自然、随意和开放的感受。其妙处和难处皆在不刻意追求的自然之中，但不能绝对随心所欲。

（二）唯美型——装饰化陈列

装饰化陈列风格着意于对陈列形式美、情调美的追求，注重陈列所用的道具、支架、灯光、色彩、装饰美的追求，但要注意避免因此影响展品本身的表现。

（三）情态型——生活化陈列

将展品按照生活中的实际情景，人们使用时的情态进行陈列，可让人有身临其境的生活美感，易于休闲风格、生活化服装的展示。

（四）情节型——戏剧化陈列

戏剧化道具是以展品道具、模特或图像组合而获得的戏剧化情节、戏剧性场面与戏剧舞台效果。这种戏剧性的表现，可以真实再现某些特定的场面、情节，特别是富有幽默感的喜剧性手法，能够给乏味的静态展示增添趣味性。

（五）夸张型——荒诞化陈列

荒诞化陈列常以夸张的艺术造型、离奇的情节、荒诞的故事等将服饰展品融合进去，唤起人们的好奇和注意，产生独特的视觉吸引。多运用于儿童服装以及创意性的陈列中，增加想象性，调动想象力，增加趣味性。

（六）劝服型——广告化陈列

此类陈列适合于品牌形象的强化与新产品的推广宣传，除了使用事物展示，采用道具灯光外，也可以使用条幅、文字等宣传元素，向人们传递关于产品形象与新产品的各类信息，以加深品牌形象的印象，增进人们对于品牌以及新产品的了解和购买信心。

第三章

针织服装的宣传企划

宣传,是品牌传播的重要手段。宣传的定义是运用各种有意义的符号传播一定的观念,以影响人们的思想,引导人们的行动的一种社会行为。它的基本职能是传播一种观念(理论、方针、政策、伦理道德、立场态度)。

美国早期社会科学家库利(Charles Horton Cooley)最早把传播这个概念用于人际关系。他说,"所谓传播是人际关系借以成立的基础,又是它得以发展的机理。它是精神现象转换为符号,并在一定的距离空间得到搬运,经过一定的时间得到保存的手段。"这个定义从几个方面对传播进行界定:它是人际关系成立的基础;它是以符号为作用媒介进行的;它包括"表现"和"传达"两种意义,在传达过程中又具有保存或记录的功能。

尽管关于传播的定义很多,但大多数都同意,"传播就是发送者通过一定的媒介把信息传输到接受者那里的过程"。

① 从最一般的意义上说,传播是社会信息的传递;

② 传播表现为传播者、传播渠道、受众(Audience,简而言之就是指信息传播的接受者包括报刊和书籍的读者、广播的听众、电影电视的观众网络用户等)之间一系列的传播关系;

③ 传播是由传播关系组成的动态的、有结构的信息传递过程;

④ 传播是社会性行为,传播关系反映了社会关系的特点。

传播是营销人员与消费者之间的桥梁,也是消费者与他们身处的社会文化环境的中介。品牌传播则是品牌与消费者建立联系的重要中介。尽管品牌传播的研究在国内开始的时间较晚,但还是有不少国内学者对其进行了定义:

余明阳与舒咏平:品牌传播的内涵,首先应该是一种操作性的实务,即通过广告、公共关系、新闻报道、人际交往、产品或服务等传播手段,最优化地提高品牌在目标受众心目中的认知度、美誉度、和谐度。而对品牌传播的基础、规律、方式方法的探讨和总结,则构成品牌传播学的内容。

陈先红还强调了品牌传播的目的是要获取消费者的信任和购买意向:所谓品牌传播,是指品牌所有者找到自己满足消费者的优势价值所在,用恰当的方式持续地与消费者文流,促进消费者的理解、认可和信任,产生再次购买的愿望,并不断维护其对该品牌的好感的过程。

对于服装品牌而言:消费者对服饰品牌的认知是感性多于理性的,因此服饰品牌营销的核心任务就是综合利用各种传播手段全力打造服饰品牌形象。品牌有不同的层次,服饰品牌传播的目标就是赋予品牌一种理念,一种精神,一种生活方式,使消费者产生"品牌信仰"。

品牌传播的意义

(一) 对品牌价值和品牌文化形成的重要作用

品牌传播是决定品牌价值和品牌文化形成的重要力量。一个好的品牌时刻都在致力于向各个接触点传播一致的品牌信息,而顾客对某一品牌的感觉来自于该品牌所实施的传播策略的结果。通常,顾客会在各个接触点与该品牌进行一次或多次的"亲密接触",通过每一次“接触”的体验决定是否继续对该品牌保持忠诚。

(二) 创造品牌形象附加值

品牌传播可以创造品牌形象附加值。在现代品牌传播中,应该关注如何使用符号来创造品牌的附加价值。符号是附加价值的载体与基础。企业总是希望通过符号工具(如广告、名称、标志)来增加品牌尚未具有的附加价值,它代表消费者或使用者在使用产品时所增加的满足感的价值。而品牌传播是符号演示与意义传播的过程,它连接品牌与消费者之间的关系,并保持长期的、双向的效果。

(三) 意义的容器

品牌是意义的容器,消费者正是通过购买品牌来拥有这些意义的。品牌可以被赋予不同的情感价值与象征意义,品牌可以传达信任感、愉悦、忠诚、真实、纯洁和自然等含义,品牌意义正是借助于传播来实现这种意义的转化的。如果品牌符合消费者的自我期许,那么那些包含有某些特定意义的品牌就可以帮助消费者创造、维持、重建理想自我或理想社会自我。这种意义的转化模式如图 3-0-1 所示。

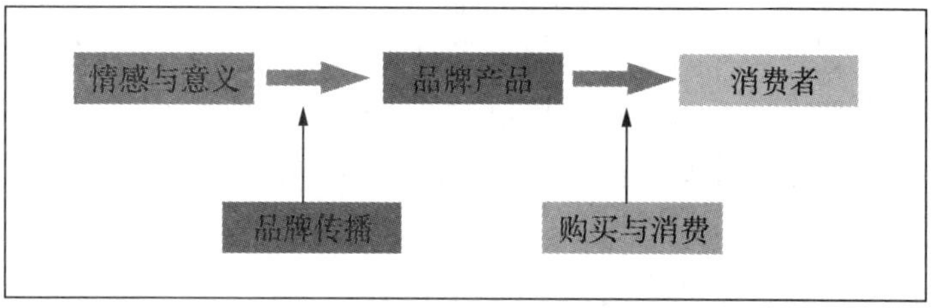

图 3-0-1 品牌意义的转化模式

作为针织服装来说,更多的是要宣传梭织服装所达不到的“服饰美”表现力。宣传产品独特的外观美、独特的穿着感受等等。宣传上要减少盲目性,减少无效宣传,使得工作“做必有益”才是我们希望看到的。

品牌是需要精心培养的,同样宣传工作也是需要精心企划和执行的。这个期间特别要注意宣传内容的真实性以及宣传工作的目的性。而谈到这里,编者就不能不仔细讲解一下针织服装宣传工作的四个企划要点:宣传风格的确定、宣传渠道的确定、宣传的针对性、宣传的实效性。

第一节 针织服装宣传风格的确立

宣传风格是品牌在进行宣传的过程中所体现出的风格。它体现了整个品牌的宣传策略。宣传风格的确立是基于正确品牌定位的基础之上的。

一个产品很快会被模仿、会过时，但是品牌却是超越时空的。一个针织服装系列都会有一个主题，或者一个故事，这样的故事可以进入产品文化的层面。在每次的主力宣传中，都会去营造一种氛围，有时候称之为创意，这样的创意在消费者心中会留下特殊的印象，我们如果可以将这样的故事延续到每一季的产品宣传中去，并坚持一段时间，就会在消费者的心目中形成连续性记忆，这就是一些品牌根深蒂固的捷径。

市场竞争的终极就是品牌的较量。拥有了品牌资产，就等于拥有了竞争的资本。唯一拥有市场的途径是先拥有具有市场优势的品牌。“名牌”首先要有“名”，即具有一定的知名度，而广告是成就企业知名度的重要手段。广告既是强烈的功利传播又是公开的劝服传播，因此非常适合品牌的宣传。

服装广告目的和价值的实现程度与广告定位有直接关系。Michael E. Porte 认为“定位”应在三个层次上进行分类(图 3－1－1)。它们分别是企业战略层次、营销战略层次以及传播战略层次。

战略层次的定位是要确定企业需要“做什么”，比如，服装品牌要针对哪一个层次的目标市场、经营范围是什么，是走品牌路线，还是以批发的形式经营等；而营销层次的定位则是确定企业要“卖什么”，决定它向消费者提供的是一种新的着装理念，还是新颖的服装功能等；传统层次的定位侧重于企业应该“说什么”，这决定了消费者最终将会把怎样的“位置”留给这个服装品牌。当三个层次的定位能够达到统一时，便能建立强有力的竞争优势。比如，Dior 品牌专注于建立奢侈、华贵、时尚的品牌风格，这既是企业战略的“定位”，也是产品的营

Michael E. Porte 的定位层次

定位的内容	定位的层次
说什么	传播层次的定位
卖什么	营销层次的定位
做什么	战略层次的定位

图 3－1－1

销“定位”，它将持续一致地体现于所有的传播中，使消费者在心目中形成这样的共识——Dior 就是奢华的代表、时尚的象征，它所占据就是奢华、时尚的地位。

一、服装广告定位

从 Michael E. Porte 定位三层次的角度分析，广告定位属于传播层次的定位。服装广告定位是通过广告宣传，使服装品牌、服装产品在消费者的心目中占据一定位置。也有人认为，广告定位也属于营销的范畴，因为从大营销学的角度来看，传播也属于营销范畴，是企业营销的有机组成部分。

服装广告定位与战略定位、营销定位不同，它是寻找服装品牌、服装产品“与生俱来的戏剧性”的过程，它的目的就是通过服装广告宣传能够让消费者铭记这种戏剧性。

服装广告定位并没有改变服装品牌与产品本身，而是要影响与改变品牌与产品在消费者心中的形象与位置。从这个层面上讲，广告定位不是针对服装品牌与服装产品，而是针对目标消费者，更确切地说是针对目标消费者的内心，其目的在于确保服装品牌与产品在目标消费者心目中占据一个真正有价值的地位。应该说，服装广告定位不是创造出新的东西，而是改变消费者头脑中已存在、形成的观念，或者说是引导新的观念。

二、定位的作用

当确定某一服装广告“定位”之后，一整套服装广告宣传计划就可以在这个基础上展开。服装广告定位对于广告的完成与最终的效果有十分重要的作用。

（一）有助于充分挖掘服装品牌信息潜在的特征与个性

这里所讲的潜在信息特征是指服装品牌或服装产品本身固有的，有待提炼的，并且通过服装广告展现结消费者的突出特点，这也是服装广告主要的诉求内容。找寻信息个性的思路是服装品牌、服装产品或营销方式可以满足消费者的某种具体需要。这些需要或是穿着行为的需求，或是购买行为的需求，也可能是心理上的需求等。

（二）广告创意的前提

服装广告定位为广告创意提供了发展的方向——可定向引导创意之意，使广告创意在一个限定的方向上深化与延伸。只有广告目标准确而集中，才可能避免方向性错误。明确的广告定位有助于广告制作者有的放矢地进行构思与创造。广告定位是广告创意的重要前提之一。

（三）选择投放媒体的重要依据

消费者能否受到服装广告的影响与引导与其能否接收到广告信息有着密切的关系。选择投放哪种媒体要充分考虑到服装广告的定位，它是选择投放媒体的重要依据之一。例如，某西裤品牌诚招加盟商，广告定位于突出该品牌在西裤生产技术上的专业性，以博得专业加盟商的信赖。根据这样的广告定位，广告投放重点不在于时尚媒体，而是行业内最专业的报纸、杂志等，最好聘请行业内知名专家顾问现身说法，并参加大型的专业展会等。这样的投放组合就是根据前期的广告定位而相应制定的。

综上所述，准确、恰当的广告定位对于广告的策划、制作、投放，都发挥着重要的作用，是保证广告成功运作的关键环节。

第二节　针织服装宣传渠道的选择

针织服装在宣传方面和其他的服饰产品是没有什么太大的区别的。关键是要把握地域差异，换句话说，就是每个区域的人都会有习惯性的信息收集习惯，我们只要抓住了这一点就可以快速有效地进行有效的宣传。通常情况下，宣传的渠道如图 3－2－1 所示：

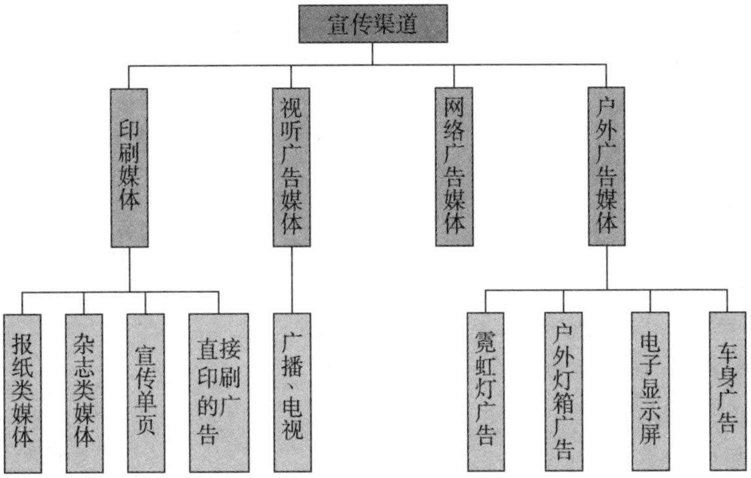

图 3－2－1　宣传渠道体系结构

一、广告的媒体的选择

选择适当的广告媒体是保证广告成功的主要条件之一。由于各种媒体传播信息的方法不同，其影响范围、程度和效果各异，而企业又受经济条件、目标市场的制约，不可能每种广告媒体都采用，而是必须对其进行选择。选择的标准是广、快、准、廉。根据这一标准，选择广告媒体应考虑以下条件。

（一）商品的性质与特征

首先要考虑的就是所宣传商品的性质与特征。服装产品属于消费资料商品，而且还是耐用消费品，区别于生产资料商品，应该选择广播、电视、杂志等覆盖面广的媒体。

（二）消费者接触媒体的习惯

不同的消费者接触媒体的习惯是不同的。只有根据消费者的习惯选择广告媒体，才能取得理想的效果。例如，向农民介绍生产资料或消费资料，以广播和电视媒体为最佳，尤其以有线广播为最好；对于城市的居民，则以报纸和电视为好；对于儿童用品，则以电视作媒体效果最佳。

（三）媒体的传播范围

不同的广告媒体传播的范围不同。比如报纸、电视、广播、杂志的传播范围大，而橱窗、路牌、霓虹灯传播的范围小。从每一种媒体本身来说，也有范围的区别。比如，报纸分为全国性报纸和地方性报纸，每一种报纸又有不同的发行量。因此，这就要根据不同的商品销售范围来决定广告媒体的选择。凡面向全国销售的商品，宜在全国性报刊或中央电视台、中央人民广播电台上做广告；在某一地区销售的商品，则宜于在地区性的报刊、电视台、电台上做广告。服装品牌较之报纸、广播，更适合在杂志和电视上做广告。

（四）媒体的影响程度

广告媒体的影响程度是指该媒体传播信息的效果，它取决于该媒体的信誉度和消费者对该媒体的接受频率。一般来说，中央和省、市、自治区的报纸、电视台、电台的信誉度较高，其他媒体次之。同时，选择媒体还要看消费者对媒体的接受频率，因为不论信誉多好，由于频率太低，消费者记不住，也无法促进购买。为了提高消费者接受广告的频率，必须选择适当的插播广告的时间。

（五）媒体的传播速度

有些商品具有较强的时间性。例如，季节性商品和供应节日的商品都属此类，它们对广告也有较强的时间要求。为此，所选择的广告媒体必须传播信息迅速，以广播、电视和报纸中的日报为宜。而那些时间要求不强的商品，其广告媒体则不一定选据那些时间性强的媒体，因为时效性强的媒体一般费用较高。

（六）媒体的费用

不同的广告媒体所支出的费用是不同的，有的相差甚大。例如，中央电视台的广告费用比相同时段的中央人民广播电台的费用高出几十倍，一些覆盖不同的同种媒体的费用也存在很大差别。因此，在选择广告媒体上必须以自己的广告预算财力为基础。

衡量广告媒体的费用，不仅要看它的绝对量，还要看它的相对量，即不同媒体的广告费用支出与预计效果的比较。比较的方法是计算接触该媒体的每千人广告成本的高低。其计算公式为：

千人广告成本＝媒体费用÷视听人数×1 000

例如，将某一彩色广告刊登在A杂志上需花费4 000元，登在B杂志上需花费8 000元；前者的读者有10万人，后者的读者有80万人，各自的千人广告成本为：

A杂志千人广告成本＝4 000元÷10万×1 000＝40元

B杂志千人广告成本＝8 000元÷80万×1 000＝10元

可见，A杂志的绝对费用低于B杂志，其相对费用却高于B杂志。当然，仅用触及人数来衡量广告的效果也是不全面的，在应用中还必须考虑其他因素。

上例从不同侧面说明选择广告媒体的要求。为了取得比较理想的品牌传播效果，在选择媒体时就不能只看一个方面，而必须进行综合考虑。

二、报纸媒体的选择

报纸是最古老、最重要的广告媒体之一，虽然当今媒体形式日新月异，层出不穷，但报纸媒体的许多的优秀属性仍是其他媒体难以替代的。目前，报纸仍是世界上公认的最主要的广告媒体。

(一) 报纸优势分析

1. 报纸发行量大，传播迅速

报纸媒体因其传播面广，传播迅速，发行量大，成为服装广告主要的宣传媒介。虽然，服装广告能够投放的对象不仅限于专业内的报纸，但是服装类、时尚类的专业报纸确实是服装广告投放的“重地”所在。

2. 报纸版面容量大，表现形式多样

报纸篇幅多，刊登广告内容以文字表述为主，并配图片，可以对服装广告信息进行详细解说，也可以为品牌造成相当大的宣传声势。报纸广告的编排、制作和截稿日期比较灵活，所以对广告的改稿、换稿和投稿都比较方便。报纸是定期刊物，广告主可以制定相应的媒体实施策略，既可以大规模集中发布广告，又可以发布单则广告，也可以发布系列广告。同样，报纸的文字表现力强，文字表现多种多样，可大可小，可繁可简，而广告文也可采用多种表现形式，叙述式、论理式、诗歌式、散文式等，不拘一格，可以图衬文，图文并茂。

3. 报纸发布的新闻消息具有一定的权威性

在消费者心中，报纸的社会信用比较高，特别是有影响力的报纸。因此，借助行业内一些较权威性的报纸，如《服装时报》、《中国服装报》，做广告宣传，可以扩大其广告效果。

4. 报纸的单位广告费用较低

报纸本身售价低，一般消费者都能买得起。其发行量越大，所以分摊到每张报纸上的广告费用就越低。报纸是印刷品，与广播和电视媒体相比，读者可以不受时间约束，随时阅读和反复阅读。报纸的这一特点，提高了报纸广告的实际影响力。

(二) 报纸劣势分析(图 3－2－2)

1. 时效性短

报纸媒体因其本身的特点也有其广告宣传的劣势，如时效性短。《中国服装报》、《服装

图 3－2－2 报纸

时报》等均为周刊,隔周的报纸很有可能被人置之一旁,所登的广告寿命也因此被大打折扣。

2. 广告针对性小

报纸广告强制性小,内容太丰富,新闻多,而读者经常是随意挑感兴趣的内容看,这种挑读现象,会造成广告浪费。

3. 易给人排斥感

现代人的生活节奏快,心情都比较浮躁,没有时间也没有心情来详细阅读,而报纸广告的繁多、拥挤,使读者感到眼花缭乱,造成其对广告有一种潜意识的排斥感。

4. 缺少动态感、立体感

由于报纸的材料与技术原因,相比影视媒体,报纸广告缺乏动态感、立体感,相比杂志,其插图、摄影印刷得不够精美,而就服装而言,广告的直接视觉效果非常重要。

(三) 服装广告报纸投放分析

目前,市面上能够见到的时装时尚类报纸主要有《时装时报》、《中国服装报》、《服装商情》、《周末画报》等。但这些报纸各具特色,不是所有的服装广告都适合于投放。

《服装时报》和《中国服装报》是行业内较为权威的两份报纸,以行业内的专业报道为主要报道内容,每周一刊,重大展会时出版专刊。这两份报纸的目标客户主要是服装企业、商场、专业机构与院校等。这两份报纸适合投放的形式与内容较为丰富,其中效果较为明显的是以硬性形象广告加软文报道相结合的广告形式,适合于那些希望在行业内提高行业地位与知名度,并以此吸引行业与加盟商关注的服装企业。

《服装商情》是这几年业内较为有影响力的报纸之一,以发布服装企业招商信息为主要内容,报纸周期根据各月全国各地的专业展会进行调整,并在展会上进行派发活动。其主要的受众群集中在服装企业、加盟商、商场等。因为《服装商情》是以广告招商为重要目的,因此十分适合于发展加盟代理为营销形式的服装品牌,以招商信息或品牌报道的形式吸引加盟代理商的关注。

《周末画报》是一份针对于广大消费者的时尚类报纸,每周一刊,以报道时尚信息、流行趋势、产品介绍、娱乐新闻为主要内容。此类报纸十分适合于进行产品信息的介绍,将每季的新品以图文结合的方式将款式、产品卖点介绍给消费者,能实现直接提高销售的目的。

三、杂志媒体的选择

对于服装企业和消费者而言,杂志无疑是投放与阅读服装广告的最佳媒介之一。无论是《中国服装》、《服装销售与市场》这类专业杂志,还有《时尚》、《ELLE》等时尚杂志,甚至《财经》等经济类、《都市主妇》等生活类杂志都刊登着各类服装广告,刺激着消费者的购买欲望。(图 3-2-3)

(一) 优势分析

1. 时效长

杂志媒体的时效性长,可重复阅读,且具有一定的保留价值,在一定程度上扩大和深化了广告的传播效果。

图 3-2-3 国内常见流行服饰类平面杂志

2. 制作精美

精美生动的广告摄影,往往能伴随着杂志的保留时间的推移而不断地冲击着读者的视觉。与报纸相比,印刷精美是杂志最大的优势,因为印刷精美,使服装产品的形象更加逼真。有时,一种产品的形象无需用文字来说话,通过印刷表现出来的产品形象无疑肩负着向消费者传达所有信息的重任。这时,杂志的优势显露无遗。其产品形象除了给读者带来视觉上美的享受之外,还会带来心理上的认同感。

3. 形式多样

发展至今的杂志在形式上已经不拘以往的格式了。相比报纸,它可以利用夹页夹杂一些读者意想不到的东西,如折叠起来的跨页广告(打开后可能会比杂志本身宽 1 倍、2 倍甚至 4 倍)、实物广告(常见的有一些时尚杂志中夹杂带装的保湿霜、洗面奶、洗发水等)和馈赠广告(如《世界时装之苑》、《时尚》等杂志随杂志的零售附赠皮夹、晚宴包、丝巾等)。一张精美的服装跨页广告,肯定会让读者爱不得手,也许他还会把它撕下来贴在自己的床头,其广告效果可想而知。实物广告和馈赠广告对读者来说更具有吸引力。此外,杂志中还可以加印小本产品手册,将宣传品牌文化的软文与新产品手册相结合,无疑是绝佳的配套宣传方式。

(二) 劣势分析

① 相对报纸而言,杂志最大的劣势在于价格太高。一本印刷精美的时尚杂志通常十几元甚至几十元。所以,由于价格的原因,杂志比报纸的受众群要小许多,因此广告覆盖面相对较小。

② 报纸媒体的内容主要是新闻和生活事件,读者的范围非常广泛。而杂志媒体的内容各有侧重,相对读者的数量自然有限。

③ 杂志的出版周期长,它的出版周期大都在一个月以上,因此时效性的广告不宜在杂志媒体上刊登。

(三) 服装广告杂志投放分析

杂志分门别类,每一种类型的杂志都有自己比较特定的读者。广告投放前针对各种杂志的调研必不可少。只有在充分了解各类杂志的风格、内容构成之后,才可能制定出周全而恰当的广告投放计划。

如果服装企业是招募加盟商、代理商，发布专业信息以期在行业内引起舆论，其广告可以投放在一些专业的服装杂志上，像《中国服装》、《服装销售与市场》、《中国制衣》等。

如果受众是终端消费者，广告的目的是为了提升品牌的知名度，提升企业的形象，诠释品牌的理念等，其广告可以投放在一些大众的时装时尚杂志。其企业在社会上、经济领域具有一定的影响力时，可以在一些经济、管理类的大众杂志上以企业老总专访的形式做宣传，使企业的广告宣传形式达到一定的高度。

尽管电视广告比杂志具有更大的吸引力，但就服装行业来说，电视广告的影响力要小于报纸杂志。这是因为：电视广告更适合于塑造品牌的整体形象，而服装产品种类繁多，更新非常快，无法在短短的几十秒电视广告里体现出产品的主角；其次，报纸杂志上的平面广告可以更好地反映产品的细节，使消费者从容的了解和欣赏产品本身；最后，电视广告时间虽短，价格却昂贵，对于每个季度都在大量更换产品的服装行业来说，报纸杂志是更为经济实用的选择。

四、电视媒体的选择

电视媒体在传统的四大媒体中发展历史最短。1936 年，英国出现世界上最早的电视台。但是，几十年的迅速发展，电视已成为当今最有影响力的传播媒体。

(一) 优势分析

1. 表现形式多样

电视媒体能充分利用语言、文字、音乐、舞蹈、绘画、雕塑、建筑、戏剧、电影等各种艺术表现形式，集时间艺术、空间艺术和综合艺术形式于一身，神形兼备，视听结合，具有极强的感染力。

2. 画面生动

电视媒体呈现给观众的是动态画面，生动活泼、别开生面。电视可以结合文字与实物、音乐与解说及其他的艺术辅助手段，使观众对产品能有充分的了解，能突出产品的诉求性能。

3. 影响力大

电视媒体影响巨大，极受观众的重视，在一定程度上，电视媒体广告具有一定的权威性，观众能信服其广告内容。

4. 渗透力强

电视广告的辐射面广，渗透力强。我国除了中央电视台外，各省、市、自治区都有自己的电视台，地方各市、县乃至乡镇，也有自己的电视台或电视转播台，中央电视台及大部分省级电视台的电视信号，通过卫星可以传送至全国乃至国外。

5. 受众大

收看电视的观众多，特别是黄金时段，收看率更高，所以其广告的传播效果好。电视广告媒体是最大众化、渗透力最强、最能赢得观众的媒体。

(二) 劣势分析

① 电视广告通常以秒作为收费单位，其投资成本十分高昂，没有较强实力的服装品牌根本无法承担巨额的电视广告费用。

② 电视广告的目标针对性相对较弱，虽然电视的播出频道具有收视率的区别，但是相对其他媒体，电视广告的受众群不集中，目标性较差。

③ 相对于报纸与杂志而言，电视广告更是一种被动的广告接收方式，观众只能选择看或不看，而通常无法选择观看的时间、频率等，因此许多消费者对电视广告有一定的抵触心理。

(三) 电视媒体投放分析

近年来，电视广告的投放形式也越来越丰富，纯粹的广告片形式已不能满足市场的需求与广告变化的脚步。例如，许多电视剧、综艺节目、新闻联播等影视节目演完后，通常都会出现演员或主持人的服装由某某品牌赞助的字样。演员的着装对带动服装流行起着很大的作用，也许一部热播电视剧的女主角的某一件风衣、围巾或首饰都会带来一股流行风潮。韩剧《冬日恋歌》中男主角送给女主角的一条五角星形的项链，成为后来风靡各大街小巷的饰品。影片《花样年华》中张曼玉的几十套旗袍的风情形象，让旗袍之风刮遍了世界各地。

近几年，电视媒体越来越受国内男装品牌的宠爱了。以福建省的品牌为例，据不完全统计，2003 年至 2004 年先后在 CCTV－5 投放广告的福建男装品牌主要有五个：

(1) 柒牌男装

① 让女人心动的男人。

② 男人就应该对自己狠一点！

③ 柒牌西裤，防皱专家。

④ 每个男人都应该有一件柒牌中华立领。

(2) 七匹狼男装

相信伙伴，相信自己(足球明星篇)。

(3) 劲霸男装

① 入选巴黎卢浮宫展演的中国唯一男装品牌。

② 每一款劲霸夹克，都有一处独到设计。

③ 奋斗，成就男人。(赵文卓篇)

(4) 才子男装

煮酒论英雄，才子赢天下。(张丰毅篇)

(5) 利郎商务男装

进，固然需要勇气；迟，更需要智慧。进退之间，彰显男人智慧。简约而不简单。(陈道明篇)

大部分的电视广告会利用名人效应，借助影、视、歌、体育明星，甚至一些企业明星的影响力来提高品牌的知名度。

大部分电视广告注重“新主张”、“产品质量”等信息，因为随着市场的发展和成熟，广告创意的手法发生了极大的改变。

这种通过影视剧、综艺节目中的演员着装来达到宣传效果的广告是居于一种比较低调的电视广告形式。当然，也有一种比较高调的电视广告。如现在每天早晨CCTV－2的第一时间栏目中的“朵彩内衣天使提醒您关注天气变化”广告。近几年在中央电视台新闻联播前的“七点整点报时”的那一句“飞亚达为您报时”，都仅仅是几个字，但随着播音员清脆的声音就飘入了亿万寻常百姓家，这些品牌的名称深深地烙在了全国人民的脑海中。

五、广播媒体的选择

广播媒体是一种常被服装企业忽视的广告投放形式。事实上，倘若能够适当地运用广播媒体，同样能够达到良好的宣传效果。

（一）优势分析

① 广播媒体的时效性极强，广播的特点使信息和传播程序简化，对一个广告，可以做到即写即播。

② 广播的传播范围广泛，覆盖面积大于电视。无论是城市或农村，不论在陆地还是海洋，室内或室外，电波所及之处，都能收到信息。广播播出的时间是早、中、晚全天式的，能适应听众的各种作息时间。

③ 广播的制作不需要大量的人力或物力，制作简便，费用低。因此，广播媒体广告的价格也低。

④ 与其他媒体相比，广播媒体更具有亲切感，通过播音员带有感情色彩的声音，以一种艺术性的“劝说”方式，让你有一种流连忘返的感觉，也给人一种联想的空间。

⑤ 广播的移动性强。不管你是在家里、公司里，还是在汽车、火车、船等交通工具上都能够收听到广播。而且，广播的接收器材多样且简便，可以随身携带。这为服装广告创造了一个极佳的传播状态，而且广播的地域性很强，对服装企业的地区性销售促进很有帮助。

（二）劣势分析

① 钟爱收听广播的人群比例有限。近些年，由于生活娱乐设施的不断发展，将广播作为主要接收信息工具的人群逐渐减少，家庭中收听广播的时间屈指可数。一项调查表明，现代社会大众收听广播的时间大多集中在路途中或是夜寝前。

② 广播媒体的受众群同样较为繁杂，目标性相对较弱。

③ 广播媒体的广告缺乏视觉与嗅觉的冲击，仅能以单一的听觉刺激影响消费者，而对于服装广告而言，视觉上的刺激往往更为重要。

（三）服装广告广播媒体投放分析

广播媒体适合投放服装品牌信息或是销售信息，例如，在地区广播站宣传某品牌在某商场开展促销活动等。相比之下，以广播的形式投放服装产品信息效果较差，因为具象的服装产品很难通过语言来描述。而通过广播的形式阐明品牌风格、文化以提高品牌知名度的方式是切实可行的。

广播服装广告可以通过两种形式投放：

① 企业直接发布一些关于服装打折信息、品牌流行资讯信息、品牌形象推广、品牌历史故事的资讯等。

② 选择与广播有效信息相联姻的方式，犹如在电视媒体中的许多赞助式广告一样，将服装广告与广播中的有效信息相嫁接，更容易受到人们的关注，能够取得不错的广告成效。

六、网络广告媒体的选择

简单地说，网络广告就是在网络上做的广告。利用网站上的广告横幅、文本链接、多媒体的方法，在互联网刊登或发布广告，通过网络传递到互联网用户的一种高科技广告运作方式。

中国的第一个商业性的网络广告出现在 1997 年 3 月，传播网站是 China Byte（比特网），广告表现形式为 468×60 像素的动画旗帜广告。Intel 和 IBM 是国内最早在互联网上投放广告的广告业主。我国网络广告一直到 1999 年初才稍有规模。历经多年的发展，网络广告行业经过数次洗礼已经慢慢走向成熟。

网络的发展重塑了整个社会文化生活的结构模式，其高速度、大容量、交互式、全信息的特点，为大众传播的发展带来了新的契机，也为广告媒体展示了新的舞台。

（一）优势

1. 可设定目标性

在网上登广告的广告业主可以在一个全新的范围里设定目标人群。他们可以聚焦于来自不同公司、不同国家和地区的用户，甚至还可以根据时间段、计算机平台及浏览器来锁定。然而，目前广告业主还不能精确地将基因及其他人口学上的参数设定为目标。但不久的将来，这种设定范围会更广——而这是别的广告媒介所无法实现的。

2. 跟踪性

市场营销员可以跟踪网络使用者是如何与他们的品牌（产品）互动的，并得知什么才能吸引现有的以及潜在的消费者。如一个汽车生产商可以通过其网站获知使用者的近况，并且判断更多的使用者是否对汽车安全方面的信息感兴趣。

广告业主还可以精确地计算浏览者对广告的反应（通过计算广告被点击的次数得知），而这是传统的电视广告、报刊广告及广告牌都不能做到的。

3. 传送灵活性

在网上，一天 24 小时，一周 7 天，一年 365 天广告都在播放。另外，一个广告攻势可立即被发起、推后或是取消。一个广告业主可以天天跟踪广告播出情况，若发现在第一周引起的反响有限，第二周就可以进行替换。而对于报刊广告而言，只有当出版物版本发行时才能被更改。至于电视广告，频繁地进行变动是被禁止的。

4. 互动性

广告业主的目标是促成一个产品或品牌的畅销。而在互联网上,可以很有效率地实现这个目标。在互联网上,消费者可以接触产品、测试产品,甚至购买产品。比如,一个软件广告可以直接带领使用者到可以下载并测试演示品的地方。如果消费者喜欢这个软件,则可以随时随地购买,这么快捷方便,是其他任何媒体都无法做到。

(二) 劣势

网络媒体的便利性同时也决定了网络信息的庞杂和混乱。有很多消费者还不习惯通过网络来获取信息,或者是目标受众比较分散,没有形成明确的集群,甚至有很大一部分人对网络信息还存在怀疑、抵触,这些都是网络媒体的劣势所在。

(三) 网络广告的主要形式(图 3-2-4)

1. 网幅广告(包含 Banner、Button、通栏、竖边、巨幅等)

网幅广告是以 GIF、JPG、FLASH 等格式建立的图像文件,定位在网页中大多用来表现广告内容,同时还可使用 Java 等语言使其产生交互性,用 Shockwave 等插件工具增强表现力。

2. 文本链接广告

文本链接广告是以一排文字作为一个广告,点击可以进入相应的广告页面。这是一种对浏览者干扰最少,但却较为有效果的网络广告形式。有时候,最简单的广告形式,效果反而最好。

3. 电子邮件广告

电子邮件广告具有针对性强、费用低廉的特点,且广告内容不受限制。特别是针对性强的特点,它可以针对具体某一个人发送特定的广告,是其他网上广告方式所不及。

4. 赞助

赞助式广告多种多样,比传统的网络广告给予广告业主更多的选择。

图 3-2-4 "MISSONI"英文官方网站

5. 与内容相结合的广告

广告与内容的结合可以说是赞助式广告的一种，从表面上看起来它们更像网页上的内容而并非广告。在传统的印刷媒体上，这类广告都会有明显的标示，指出这是广告，而在网页上通常没有清楚的界限。

6. 插播式广告(弹出式广告)

访客在请求登录网页时强制插入一个广告页面或弹出广告窗口。它们有点类似电视广告，都是打断正常节目的播放，强迫观看。插播式广告有各种尺寸，有全屏的也有小窗口的，而且互动的程度也不同，从静态到全部动态的都有。浏览者可以通过关闭窗口不看广告(电视广告是无法做到的)，但是它们的出现没有任何征兆，而且肯定会被浏览者看到。

7. Rich Media

一般指使用浏览器插件或其他脚本语言、Java 语言等编写的具有复杂视觉效果和交互功能的网络广告。这些效果的使用是否有效，一方面取决于站点的服务器端设置；另一方面取决于访问者浏览器是否能查看。一般来说，RichMedia 能表现更多、更精彩的广告内容。

(四) 服装广告网络广告投放分析

① 相比其他广告媒体，网络广告成本低，而且发布的信息周全详细。有实力的企业可以根据需求建立一个自己的站点，在上面发布信息等。

② 大多数企业一般会在行业网站(如中国服装网、中国服装财富网、中国女装网、中国时装网等)上发布产品促销、品牌供求、品牌加盟代理等信息。一般来讲，行业网站上都会有专门的展示供求信息，供会员企业在上面发布供求信息。

③ 针对终端消费者的广告则可以选择门户网站或一些专业网站进行投放，这些网站的性质及访问量和传统媒体中报纸及杂志类似。

七、户外广告媒体的选择

户外广告媒体的定义指的是所有存在于开放空间的媒体载具。户外媒体随着都市经济的蓬勃发展，已经成为城市繁荣的一个指标。户外广告包括路牌广告、霓虹灯广告、户外灯箱广告、电子显示屏、招贴画、交通广告等。

(一) 路牌与霓虹灯

一个城市的经济发达与否，最初也是最外在的特征之一是路牌与霓虹灯广告的繁盛与否，各广告业主都想在其中立一席之地，都市夜与昼的交替，也是霓虹灯与路牌的交替；位置优越、巨大醒目、保存时间久、效率高。但是由于它们所处的特殊环境和自身条件的限制使它们不能为观者提供仔细浏览的机会，因此尽管它们巨大醒目，但都是力求简洁，有时甚至是仅有品牌名称或商标符号。

(二) 招贴画

招贴画一般是纸质良好的印刷品，张贴在墙面或广告牌上。招贴广告是一种历史悠久的广告形式，之所以经久不衰，是因为招贴广告至今仍有其他媒体不易替代的功能。它的艺术感染力强，招贴广告大都是以图画为主，设计考究，都能给人以视觉上的美的享受和心理上的美的熏陶，特别是有关艺术和体育内容的招贴广告。张贴方便，启动性强，可在一定的范围和极短的时间内营造较大的声势。

图 3-2-5 耐克的地铁广告

(三) 灯箱

灯箱由灯具、箱体和画面三个部分组成，有三种形式：图像直观式，即用彩色照片逼真地表现商品形象；卡通式，就是用动植物形体作为灯箱主体；大型活动式，箱内的广告文字和图形可以自动更换。

(四) 交通广告

交通广告就是利用火车、地铁、公共汽车、出租车、电车、客轮和客机等交通工具和车站、码头、机场等的建筑物，以及交通主要道口、设施等设置或张贴的广告。

交通广告可分为车身广告和驿站广告。车身广告又可分为车内广告和车外广告。车内广告(含飞机内、火车内、轮船内)费用比较低廉，但阅读时间相对较长，适合做旅游和购物指南类广告，车外广告大都做在汽车和出租轿车上。公共汽车广告分车身两侧广告和车后广告，车后广告虽然面积较小，但从路人的视觉习惯上来说，比两侧广告的视觉停留时间要长些；出租车广告大都做在轿车顶盖上，且在夜晚时，灯箱式照明面积虽不大，却颇为醒目。

地铁、机场广告的流动人口大，且广告空间充分，适合于知名企业大力度的广告宣传。

案例：耐克的地铁广告

知名的运动品牌耐克对地铁广告情有独钟。有地铁的城市都是中国经济最发达的城市，居民消费能力最强，与耐克等知名运动品牌的目标人群不谋而合。

耐克的地铁广告经过了几年的实战，其 2005 年在广州地铁站的广告策略非常成功。品牌形象有令人耳目一新的神来之感，强力地触动着目标人群的每一根神经，令错失先机的对手阿迪达斯在“品牌传播的地道战”中黯然失色，如图 3-2-5所示。

交通广告流动性大，接触的人多，广告对象阶层分布广泛，阅读时间长，费用低廉，适合中小型企业的广告宣传。

(五) 服装广告户外广告投放分析

室外广告是最古老的广告手段，它是从古代的石头、青铜器和木材雕刻演化而来的。如今，在大街上漫步，我们触目所及的都是广告，街道两旁以及在街道上移动的大小车辆上都贴满了各式广告。对服装产品来讲，室外和公交系统广告都是比较常用的宣传工具。这种宣传往往不针对某一季度的某一款式，而是希望加深消费者对品牌的整体印象。室外广告或公交系统广告的费用远远低于电视广告，伫立于闹市区的广告牌以及在城市中穿行的公交车有很好的宣传效果，人们可以在不经意间就看到这些广告并在脑海中留下印象。但近来这种广告形式也受到谴责，人们认为有些交通主干道的广告过于暴露会使交通意外增多，而城市拥挤着过多的广告也使人感觉疲劳。

八、赠品广告的选择

在消费者的理解中，商家的买赠只是简单的让利行为。但从商家看来，赠品除了促销之外，还是非常好的广告媒介。

一般人对赠品还是怀有好感的，尤其是女性。购买一件服装能够得到一件较为精致的小礼品，顾客的心理会觉得很舒服、很有价值感。虽然小礼品，如饰物、香水、手表、玩具、日历等，相对于产品价值来讲其价值并不高，但却有较长的使用期。如果小礼品上有企业品牌的名称、销售信息、地址、电话等，这些信息将长期出现在顾客面前，会加深顾客对广告信息、品牌的印象。

九、短信广告的选择

在手机普及、短信横飞的今天，短信广告自然随之兴起，并日益受到人们的关注。

短信的针对性强、阅读率高，这是其他媒体所不能比拟的。目前，短信广告主要是一些文字性信息，内容比较简单。但伴随手机和通讯网络的发展，彩信将成为短信广告的另一支柱。

手机作为个体的私人物品，在正常情况下是不允许厂家发送广告的，因此短信广告只能用于特定的情况(如 VIP 会员)，这是短信广告的局限所在。

十、DM 广告的选择

DM 是英文 Direct Mail 的缩写，是直接邮寄的意思。有些商家将正在热卖的或过期打折的商品信息做成小册子形式，将其邮寄到顾客的手中，让顾客能够随时了解到品牌产品的即时形象与价格。这样就省得顾客去商场再进行挑选、对比。有的商家并没有专门的服装销售店面，而是专门利用 DM 广告方式进行产品推广，这样能够节省大量的成本，降低产品的价格，也让顾客觉得价廉物美。

除了以上所讲的广告媒体，服装企业还可以通过其他多种媒体进行宣传，比如：

（一）时装表演发布会

自法国设计师简·帕昆首创时装表演的形式以来，时装表演一直是服装品牌最具影响力的宣传手段。风姿绰约的模特们身穿华美的服装在天桥上摇曳生姿，关于时尚最神秘、最诱人的吸引力就这样一年一度地按时被生产出来。纽约、伦敦、米兰和巴黎四个时装中心每个季度都有大量的时装表演发布会，世界顶级品牌在这些舞台上一比高下，且各个国家的一级或二级城市都有自己大大小小的时装发布会，不同类型规模的服装企业都有充分的展示空间。

时装表演的具体策划案根据观众类别、场地设置、预计费用、预期目标也许要耗费上百万美元；搭建巨型的T型台，特殊的灯光效果，完美的音响设备，顶级的表演模特，各个宣传媒体和光鲜的时尚宠儿们也要务必到场，这样的时尚盛宴会制造出必要的关于时装的故事和话题。而对于小型服装企业来说，每个季度花费几万元在产品发布会上就已足够。这种小型的产品发布会虽然花费不多，但同样重要，它是代理商了解新季度产品的一个主要的窗口，服装公司借以向代理商介绍新季度产品生产的保障。

（二）专项促销活动

时装业发起的专项活动基本上可分为两类：一类用以吸引人们对公司名称的关注；另一类旨在推销一些专门的商品。前者称之为机构形象型，用以提高信誉，强调公司对一流服务的承诺或在某些特别节日开展活动，突出顾客的利益；后者则是在活动中推销某一商品。时装业习惯于在大的公众假日进行传统的商品促销活动，这种促销活动的内容一般包括：将店铺按照假日气氛重新装扮，更新橱窗设计，并在店内主要位置悬挂促销广告牌；除了这种传统的商品促销活动，还有一些方式新颖的宣传活动，如在国内举行一年一度的“汉帛”杯服装设计大赛，这种大奖赛本身对企业的品牌是一个很好的宣传活动。这种专项促销活动所针对的就是机构形象，强调品牌在行业的专业地位。

宣传的渠道是为了使宣传更加有效，宣传的方式是为了更加生动地展示产品、展示品牌形象、提升品牌文化印象。灵活多变是一个主要的特点，这就需要企业的市场人员一方面对本企业品牌文化有足够的认识，另一方面要及时想到有效的宣传方案，早准备，早落实。

在整个广告活动中，广告媒体的选择是否恰当有效，往往直接影响着广告的效果和广告活动的成败。我们必须在实践中尽快领悟到，在什么样的条件下，利用什么样的媒体才能最好地和品牌的目标受众进行交流和沟通，加强目标受众对品牌的认知和正面认识，并提高信息传递的功效。

第三节 宣传的内容

广告，即确定的组织或个人为了一定的目的，依靠付出费用，在规定的时间内，按照要求，由指定的媒体，将真实信息传播出去的一种交流活动。广告必然要反映产品或企业的本质属性，所以一个完整的、有价值的广告应该包含完整的VI系统。

VI全称Visual Identity，即企业VI视觉设计，是企业VI形象设计的重要组成部分。随着社会的现代化、工业化、自动化的发展，企业加速了优化组合的进程，其规模不断扩大，组织机构日趋繁杂，产品快速更新，市场竞争也变得更加激烈。另外，各种媒体的急速膨胀，传播途径各异，受众面对大量繁杂的信息，变得无所适从。企业比以往任何时候都需要统一的、集中的VI设计传播，个性和身份的识别因此显得尤为重要。VI设计能够使企业的形象高度统一，使企业的视觉传播资源充分利用，达到最理想的品牌传播效果。企业可以通过VI设计对内征得员工的认同感，归属感，加强企业凝聚力，对外树立企业的整体形象，资源整合，有控制地将企业的信息传达给受众，通过视觉符码，不断地强化受众的意识，从而获得认同。

VI视觉识别：以标志、标准字、标准色为核心展开的完整的、系统的视觉表达体系。将上述的企业理念、企业文化、服务内容、企业规范等抽象概念转换为具体符号，塑造出独特的企业形象。在CI设计中，视觉识别设计最具传播力和感染力，最容易被公众接受，具有重要意义。（图3-3-1，图3-3-2）

VI的基本要素（主要包括）：企业名称、企业标志、企业造型、标准字、标准色、象征图案、宣传口号。

（一）标志

标志的类型主要有字型标志、图形标志和综合标志（字图结合）。

标志设计前提：

① 识别性（能够区别于其他企业、产品或服务，使受众对企业留下深刻印象）；

② 领导性（标志的造型、色彩、应用方式，直接决定其他识别要素的形式）；

③ 同一性（大众对企业标志的认同等同于对企业的认同，标志不能脱离企业的实际情况，违背企业宗旨，只做表面形式工作的标志，失去了标志本身的意义，甚至对企业形象造成负面影响）；

④ 涵盖性（能使大众见到标志就会联想到曾经购买的产品、曾经受到的服务，从而将企业与大众联系起来，成为连接企业与受众的桥梁）；

⑤ 革新性（标志确定后，并不是一成不变的，随着时代的变迁，历史潮流的演变，以及社

图 3-3-1 VI 视觉设计一

图 3-3-2 VI 视觉设计二

会背景的变化，标志应不断更新）。

（二）标准字

标准字，又称组合字体，是指将某种事物、组织、团体的名称进行整体组合之后所形成的字体。标准字不同于普通字体，除了造型上的美观和突出的视觉效果外，还在于标准字之间的连贯性，这种连贯性对企业形象特质作了极好的诠释，整体上体现了企业的个性特征。

1. 标准字的特点

① 协调性。标准字主要是根据企业名称。产品品牌、标语、口号等设计的，因此对于字距、笔画的协调要求十分严格。标准字的设计应在不断修正的前提下，不断取得空间的平衡和协调，以实现最优的审美效果。

② 易读性。企业标准字应传播明确的信息，说明的内容要简单易读，才能符合现代企业讲究速度、效率的精神，具有视觉传达的瞬间效果。汉字与字母的设计应力求清晰、准确、规范，注意二者之间的配合。我国企业以前有请名人题字的传统，用正、草、隶、篆等多种字体来书写企业名称。但随着科技的进步，企业往往倾向于追求明确化、系统化的经营风格，传统的名人题词往往由于表达个人风格，而不能传达企业的经营理念和文化背景。从字体上而言，书法字体自由书写，易读性不高，结构不够规范，延展性不高；而且书法字体的个性太强，难以找到与其他要素的结合点，尤其是与英文字体组合时，缺乏系统性的问题更为严重。因此，标准字的设计，应经过全面的计划和实施，以创作出独具企业风格的字体。

2. 标准字的种类

从表达内容上来看，标准字的种类繁多，功能各异，然而其基本的、共同的任务，在于建立企业、品牌等独特的风格，塑造差异的形象，以期达到识别的目的。其种类主要有以下几种：

① 企业标准字。企业标准字是对企业名称的统一设计，主要表现企业的经营理念和企业精神，建立企业的信誉。企业标准字是其他各种标准字的基础。

② 产品名称标准字。企业标准字和产品名称标准字在有的企业重合为一体，而在一些集团公司，则分开进行设计。产品名称标准字是表现个别产品的功能和个性，往往用一些有亲切感、容易记忆的名称。如丰田汽车在不同时期推出的不同型号的汽车都予以命名，最新进入中国市场的汽车就被命名为“丰田小霸王”。

③ 标题标准字。标题标准字用于广告文案、专栏报道、连载小说、电影广告的开头等。这种标准字的主要特点是极具感染力、吸引力，能在观众看到的第一眼就能引起观众的注意。

（三）标准色

标准色是用来象征公司或产品特性的指定颜色，是标志、标准字体及宣传媒体专用的色彩。具有科学化、差别化、系统化的特点。

设计要求：标准色设计尽可能单纯、明快，以最少的色彩表现最多的含义，达到精确快速地传达企业信息的目的。

其设计理念应该表现如下特征：

① 标准色设计应体现企业的经营理念和产品的特性，选择适合于该企业形象的色彩，表现企业的生产技术性和产品的内容实质；

② 突出竞争企业之间的差异性；

③ 标准色设计应适合消费心理。

（四）特形图案

特形图案是象征企业经营理念、产品品质和服务精神的富有地方特色的或具有纪念意义的具象化图案。这个图案可以是图案化的人物、动物或植物，选择一个富有意义的形象物，经过设计，赋予具象物人格精神以强化企业性格，诉求产品品质。比如，麦当劳专卖店门前的麦当劳叔叔、肯德基专卖店门前的老爷爷等。

设计要求：

① 个性鲜明：图案应富有地方特色或具有纪念意义。选择的图案与企业内在精神有必然联系，如日本的麒麟啤酒，美国的麦当劳等。

② 图案形象应有亲切感，让人喜爱，以达到传递信息、增强记忆的目的。海尔的两个中法儿童吉祥物的设计，活泼、亲切、可爱的形象对海尔产品形象的推广，起了极大作用。

（五）象征图案

象征图案又称装饰花边，是视觉识别设计要素的延伸和发展，与标志、标准字体、标准色保持宾主、互补、衬托的关系，是设计要素中的辅助符号，主要适应用于各种宣传媒体装饰画面，加强企业形象的诉求力，视觉识别设计的意义更丰富，更具完整性和识别性。

VI 基础要素的设计要求有：

① 能烘托形象的诉求力，使标志、标准字体的意义更具完整性，易于识别；

② 能增加设计要素的适应性，使所有的设计要素更加具有设计表现力；

③ 能强化视觉冲击力，使画面效果富于感染力，最大限度地创造视觉诱导效果。

VI 设计应用系统细分为 10 个块面：

① 办公用品：信封、信纸、便笺、名片、徽章、工作证、请柬、文件夹、介绍信、帐票、备忘录、资料袋、公文表格等；

② 企业外部建筑环境：建筑造型、公司旗帜、企业门面、企业招牌、公共标识牌、路标指示牌、广告塔、霓虹灯广告、庭院美化等；

③ 企业内部建筑环境：企业内部各部门标识牌、常用标识牌、楼层标识牌、企业形象牌、旗帜、广告牌、POP 广告、货架标牌等；

④ 交通工具：轿车、面包车、大巴士、货车、工具车、油罐车、轮船、飞机等；

⑤ 服装服饰：经理制服、管理人员制服、员工制服、礼仪制服、文化衫、领带、工作帽、钮扣、肩章、胸卡等；

⑥ 广告媒体：电视广告、杂志广告、报纸广告、网络广告、路牌广告、招贴广告等；

⑦ 产品包装：纸盒包装、纸袋包装、木箱包装、玻璃容器包装、塑料袋包装、金属包装、陶瓷包装、包装纸；

⑧ 公务礼品：T 恤衫、领带、领带夹、打火机、钥匙牌、雨伞、纪念章、礼品袋等；

⑨ 陈列展示：橱窗展示、展览展示、货架商品展示、陈列商品展示等；

⑩ 印刷品：企业简介、商品说明书、产品简介、年历等。

第四节 宣传的针对性和时效性

一、宣传的针对性

宣传的目的就是要扩大产品的知名度。而在如今针织服装品牌林立的国内市场中，如何进行有针对性的宣传在企划宣传工作中就显得更为实用。

不是所有的宣传都会有商业价值产生，这一点是不争的事实。有些宣传是为了形象的建立，有些宣传是为了产品名称的普及，每一次有针对性的宣传工作都有其目的性，所以，企业应该非常明白，宣传不是每次都会盈利，而我们要学会在宣传工作上如何做好必要的形象宣传。

通常情况下，按照宣传目的的不同可以将宣传分为以下几类：

（一）品牌形象建立性宣传

这种性质的宣传周期一般较长，且覆盖面较为广阔，一般不涉及具体的产品，而是进行一些产品风格、设计理念、企业文化的宣传。虽然这样的广告盈利很少，但也需要策划者费心思。这样的宣传目的是在广告打出后，互联网上的搜索信息会成几何数字上升。

（二）新产品的宣传

每个品牌都会在不同的季节推出自己的新产品，每一次新产品的宣传都需要将新的设计进行推广，并针对具体的卖点进行到位的讲解和引导。通常情况下，对这一类的宣传基本考核就是在产品的导入期过后，产品的销售是否可以顺利进入上升期。

（三）主推产品的宣传

主推产品不一定就是要宣传畅销的产品，而是要宣扬产品的品牌风格。这类产品一般都是品牌的盈利性产品，这类产品往往品类比较齐全，产品生命周期也比较长。所以这类产品的宣传应该注意以下原则：

1. 宣传形式的全面性

由于主推产品的目标消费者关注的媒体种类各不相同，所以为了更大范围地传递产品信息，我们需要按照统一的风格企划不同的宣传形式。

2. 宣传区域的广泛性

根据企业或品牌所涵盖的销售区域不同，我们需要根据具体销售区域的接受能力企划不同的宣传活动以及宣传形式，以达到广泛的宣传效果。

3. 宣传广告的长期性

由于主推产品设计的适应性强，其市场潜力巨大。所以，此类产品的宣传应该具有长期性，根据产品销售时间的企划设计出相应的宣传周期，可以起到充分扩大销售宣传的目的。

(四) 产品活动的宣传

产品活动一般是与服装挂钩的一些商业性活动，通常会有以下几种形式：

1. 新产品发布性宣传

新品的发布，可以分为内部和外部两种。内部的发布会主要是集合自己企业的经销商，通过讲述产品，分析市场来增强经销商对于新产品的信心，这样的宣传效果直接体现在会后所有经销商发来的产品订单。针对外部的发布是造势的发布，需要突出产品的时尚性和新颖性，通常情况下是要在重点销售区域的重点城市进行的发布，这样的宣传效果检验标准就是看是否可以吸引足够的媒体关注，是否可以增加市场的关注度。

2. 品牌延伸时的宣传

一个品牌的发展壮大往往会使得企业对于其他产品产生信心。这样企业就会选择产品延伸。这个阶段的宣传往往是有相当难度的，很容易与现有品牌的风格发生冲突。所以检验这样的宣传的标注就是看是否可以很好地向市场解释清楚产品之间的区别，是否可以建立起与原有产品相关的品牌延伸认识。

(五) 公益性活动的宣传

任何一个企业应当承担社会责任。公益活动要做到不浮躁、不夸张、有选择性。这些活动往往跟企业的负责人的个人情感有很大的关系，通常情况下我们会选择合适的人群、合适的主题进行宣传。检验这种宣传的标准就是看是否可以建立起企业正面的形象，公益活动的效果是不是明显。

二、宣传的时效性

一般来说，我们需要对宣传工作进行合理的安排，每一个宣传活动都有自己的生命周期，要保持自身的时效性。唯一的一个核心要求就是每次的宣传工作必须明确效果，尽量用数据化的资料来反映宣传的效果，确实保证每一次活动的时效性。

根据企业具体的产品操作节奏进行时效性宣传，以获得快速提升销量的作用是宣传的日常重点。这类宣传的种类通常有以下几种：

① 解决导入期没有成功打开销量的产品，有时候产品的市场接受期超出了我们的预想，在肯定了产品的市场行销能力后，我们可以有针对性地对该类服装进行时效性宣传规划以使其进入产品销售上升期。

② 在特定的活动中解决库存服装，服装企业的最大瓶颈问题就是服装的库存问题。所以，会经常进行一些解决库存的促销活动，在这样的活动中，企业者会进行产品主推。这样的主推通常会挖掘一些产品的竞争性特征进行放大。其宣传效果可以直接看产品库存问题解决的程度。

③ 竞争性产品的宣传，面对激烈的市场竞争，我们必须做出适当的反应。在竞争性产品营销影响到了该品牌的市场地位的时候，就要针对这些产品进行针对性的主推推广，这样

的宣传具有很强的针对性，是充满了火药味的。检验这种宣传效果的最好方式是看宣传活动是否扭转了该品牌服装的不利情境。

三、针织服装的促销

针织服装同样也属于快速消费品，产品具有明显的短生命周期。在设计周期不断缩短的大趋势下，有效地进行终端促销企划工作可以使得产品的销售更加有条不紊。

针织服装与其他的服饰产品来说有着独特的产品品类特色，所以在进行促销的时候就要充分考虑这些优势，进行有区分度的促销管理。

（一）促销产品的针对性

促销的产品不是随便组合出来的，它的构成也不能完全是"问题"产品，策划者要及时地抓住促销时机，及时地进行跟进，其中促销产品组合就显得更要有针对性。

1. "问题"产品与"畅销"产品

一些流行性不强的产品，如果搭配合适也会再次彰显"魅力"。所以策划者要在无意中进行这些"问题"产品与"畅销"产品的组合，通过一些流行元素的组合进行相互影响，唤起消费者对"过时"产品的重新关注。

2. 销量滞后的产品

由于竞品或者市场本身的淡旺季规律，使得一些产品的销量存在一些滞后问题，策划者对于这种"亚健康"状态应该给予足够的重视。通常情况下，我们需要把这些产品的宣传做大，进行价格调整和开展促销活动。

3. 新品与配饰

新产品不一定就是非常畅销的产品，它需要逐渐为消费者所接受。所以，这个阶段也需要进行促销，通常是进行配饰搭配来进行产品穿着风格的展示，以增进新品的接受度并起到提升销量的作用。

（二）促销活动的时效性

促销活动需要企业投入较大的市场费用，效果的好坏是需要及时进行评定总结，强调在一定时间内完成一定的跟进销量。通常情况下，要把握以下几个环节的问题：

1. 促销的方案要准确合理

做好充分的分析，证明促销活动的准确合理性。通常情况下是由长期进行市场销售管理的人员进行书面企划，用合理的资金解决最多的问题。在这个时期，我们需要对以下几个方面进行分析：市场环境、促销时机、促销形式、竞争对手反应、是否存在连续促销的可能性等。

市场环境：促销活动期是否处于消费者的消费高峰期，是否存在明显的消费旺季。

促销时机：是否消费者正在期待的促销活动，在局部消费区域中是否存在其他更具影响力的促销活动，促销活动的前期宣传是否充分等。

促销形式：针对锁定的目标消费者的购买特点，进行有效的分析，做出灵活多变的促销形式。可以充分保证促销活动的场面,引起消费者的好奇心。

竞争对手的反映:在每个小的消费区中,都不是一个品牌产品独立存在的。很容易存在多家促销的情况,在这种情形中一味地依靠价格战略并不一定会取得很好的效果,同时,策划者需要充分考虑竞争商家的应变能力,在企划活动中就充分考虑到这些因素。

连续促销:有时,一个优秀的促销活动往往超出策划者的想象,在活动结束的时候,如果消费市场还存在很大的操作容量,就需要进行连续性的促销并进行细节调整。所以对于每一次的促销活动,我们都需要有经验的市场销售人员进行监控,及时总结。

(三)促销的时间控制

一个再有创意的促销也需要限定时间,这主要是考虑到产品的形象问题,绝对不能在每家卖场都形成打折店的经营模式,长时间进行促销往往会损坏品牌的价值形象。同时,我们谈到的时间控制也涉及具体促销活动的高潮期时间控制,这些都会影响到促销活动的最后效果。

(四)促销的效果反馈

促销活动需要及时总结,需要将效果进行及时的反馈,不断修改其中的一些细节,以形成促销最佳效果。一般来说,在效果的反馈中我们需要注意以下的方面:

① 实际商品的销量与预计销量的比较,从中分析市场的可操作程度,有利于对市场份额进行控制。

② 促销活动的影响人群与目标消费群体的比较,从中分析出产品可以涉及的群体,用于巩固现有消费群体的研究。

③ 促销活动费用的总结,每一次的促销活动需要的实体费用(必需的)以及非实体费用(市场费用等)的费用的比例可以很好地看出促销费用的使用效率。

成功的企业形象宣传并非只靠华而不实的广告来打响知名度,期望短期内树立良好企业形象是不现实的。奥美的观点里有这样一句话,“企业形象的建立,就如同鸟儿筑巢一样,从我们随手撷去的稻草杂物建立而成。别小看了这些稻草杂物般的细枝末梢,正是它们奠定了一个企业形象的坚实基础。”

第四章

针织服装服务企划

第一节 服务的基本原则

"服务"一词的概念可以用英语 Service(服务)的每一个字母所代表的含义来理解，其中每一字母的含义实际上都是对服务人员行为语言的一种要求。第一个字母 S,即 Smile(微笑),其含义是服务员应该对每一位宾客提供微笑服务。第二个字母 E,即 Excelent(出色),其含义是服务员应该将每一个程序,每一个微小的服务工作都做得很出色。第三个字母 R,即 Ready(准备好),其含义是服务员应该随时准备好为宾客服务。第四个字母 V,即 Viewing(看待),其含义是服务员应该将每一位顾客都看作是需要提供优质服务的贵宾。第五个字母 I,即 Inviting(邀请),其含义是在每一次接待服务结束时,都应该显示出诚意和敬意,主动邀请顾客再次光临。第六个字母 C,即 Creating (创造),其含义是每一位服务员应该想方设法精心创造出使顾客能享受其热情服务的氛围。第七个字母 E,即 Eye(眼光),其含义是每一位服务员始终应该以热情友好的眼光关注顾客,适应顾客心理,预测顾客要求,及时提供有效的服务,使顾客时刻感受到服务员在关心自己。

商品销售活动是零售企业经营活动的中心,因此,可以将零售服务依据向顾客提供时所处时间段的差异,大致分为售前服务、售中服务和售后服务三类。从内容上讲,零售服务体系就是由售前、售中和售后服务构成的体系。(图 4-1-1)

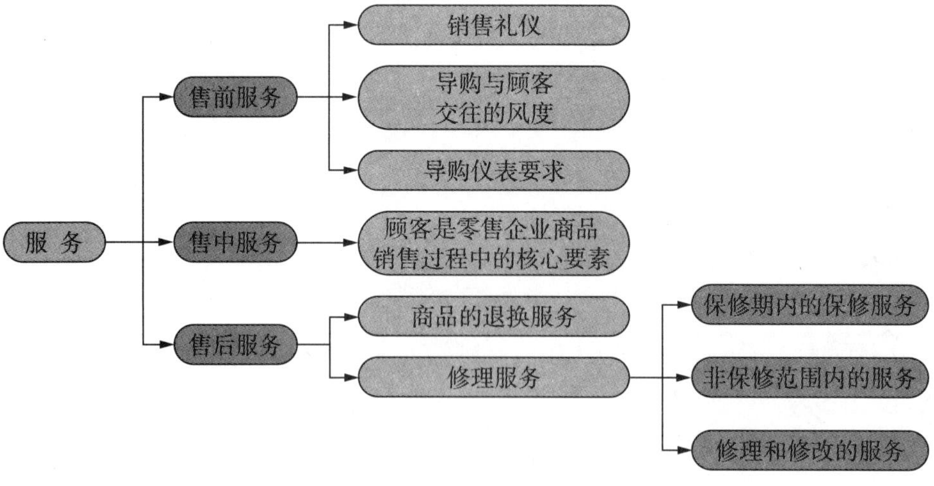

图 4-1-1 零售服务体系的构架图

一、售前服务

所谓售前服务即指开始营业前的准备工作。商店的许多服务项目在顾客购买商品过程开始之前就已经进行了精心的安排。广义的售前服务几乎包括了除售中、售后服务以外的所有商品经营工作。从服务的角度讲，售前服务是一种以交流信息、沟通感情、改善态度为中心的工作，必须全面、仔细、准确和实际。售前服务是零售企业赢得良好第一印象的基础，应当热情、主动、诚实、耐心，富有人情味。

美国和德国的一些服装店，还向顾客推出了形象设计服务。店里专门聘请形象设计专家，为每位前来的顾客进行形象设计。由专家根据顾客的身材、气质、经济条件等情况，指导顾客该买什么样的服装，配什么样的领带或饰物，何种发型与服装、身材最为相称，以及足登何种款式及颜色的鞋，方能相得益彰，等等。这样就使得服装以及各种配套物品最能体现顾客的长处。这一服务措施出台后，一时间商店顾客如云，并且大都是服装、饰物整套购买，生意大火特火起来。这项售前服务设身处地为顾客考虑，投其求美的心理，从扬长避短、掩丑显美入手，有效地调动了消费者的购买欲望。

售前服务主要是指在店铺内服务员帮助顾客挑选服装的导购行为。导购的礼仪是指在销售的过程中所体现出来的礼节、礼貌以及注重个人仪表、仪态的良好反映。它不仅能反映出导购的个人素质，包括文化教育水准和道德修养，还在于它反映了一个公司的管理水平和品牌形象。同时，导购注重礼仪不仅是尊重顾客的需要，也是导购自尊自爱的表现。

（一）销售礼仪

主要指导购在销售的过程中所体现出来的良好的言语举止，以让顾客感受到一个舒适、轻松的购物环境。要求导购做到以下几点：

① 对顾客、同事、上司以及其他职员要有礼貌，在专卖店见到任何人都要微笑，并说“您好”、“早上好”等问候语；

② 顾客对导购说“谢谢”时，导购要说“不客气”；

③ 工作期间离开专卖店时要向店长请假，如店长不在时要向其他店员打招呼；

④ 见到顾客折叠衣服时，要立即给予帮助；

⑤ 顾客有需要帮助时，或有顾客进入专卖店时，要暂停自己的工作，在第一时间招呼顾客，留心倾听并及时提供优质服务；

⑥ 如果顾客对本店的货品不满意，也要说“多谢您的意见，请下次光临惠顾”，即使顾客态度不友善，导购也要有礼貌；

⑦ 导购为顾客寻找所需商品时，必须要小心处理商品，双手把商品拿出，并双手将商品递交给顾客，整个过程切勿单手操作；

⑧ 导购要站于能注意到顾客并且能让顾客注意到自己的位置，经常注意顾客的需要，并防止物品丢失；

⑨ 对待顾客都要一视同仁，公平一致，以免顾客有受怠慢的感觉。

(二) 导购与顾客交往的风度

① 自尊而不自大：导购要信心十足的与顾客进行沟通，同时也要尊重顾客的意见，不要把自己的意见强加与人；

② 坦诚而不轻率：顾客与导购交往时，应坦诚相对，诚心诚意为顾客办事，不能信口开河、不假思索、轻率地答应顾客一些办不到的事；

③ 显己而不贬低别人：导购要善于在顾客面前显示自己的长处和优点。以博得顾客的好感，但不能因此而贬低顾客；

④ 谨慎而不拘束：导购与顾客交往时应谨慎从事，三思而后行，言行举止要恰到好处，以免冒犯顾客。但如果在顾客面前不敢抬头，不敢开口，该说的不说，该做的不做，则不是谨慎而是拘束，甚至可以说是怯懦，这是销售礼仪中的大忌；

⑤ 灵活而不轻浮：幽默的谈吐，活泼的举止，富于变换的表情，有利于导购与顾客的交流，但过分的灵活会让顾客感到轻浮，不分场合，不择对象。

(三) 导购仪表要求

① 给予顾客一个专业、健康及精神奕奕的形象；

② 正确的站立姿势，脚跟靠拢，两脚尖分约 15°～30°夹角，两手放后，身体自然挺拔，步态轻盈而稳捷；

③ 适当的手势，动作不夸张；

④ 正确的服务用语，说话清晰，声调自然亲切，面带微笑，表现自信。

(四) 物品及自身的准备

① 不论实行正常出勤还是两班倒制，销售人员对隔夜后的商品都要进行复点，以明确责任。如发现问题，应及时向直接主管汇报。根据前一日市场和销售情况，对款式品种缺少的或是货架出样数量不足的商品，要尽快补充，做到库有柜有。

② 在复点的时候，销售人员要对商品的价格标签进行逐个检查。对于附带价格标签的商品，应检查价格标签有无脱落、模糊不清、移放错位的情况，确保标签与商品的货号、品名、产地、规格、价格完全相符。

③ 早会的主要内容：向直接主管汇报前一天的销售业绩以及重要的信息反馈；听从直接主管布置当日的工作计划和工作重点；清点、申领当日宣传品；了解公司的营销政策和活动，推销技巧的交流，检讨目标的进度，制定对策。

④ 仪容、仪表以及心态检查。女性销售人员必须化淡妆上岗。开店的准备工作之一就是自身的检查，包括：服装、妆容、鞋子、袜子、领带、头发、指甲、心态等。

如果以上项目没有准备好，请一定立即调整，否则不要上岗。

(五) 陈列的准备

陈列准备是开店前的重要工作之一，就像自身的仪容、仪表一样，店铺的脸面也非常重要。陈列工作要考虑很多项目，如表 4－1－1 是陈列检查一览表，可参照其进行检查。

表 4-1-1 陈列检查一览表

陈列维护	服装	服装挂件干净平整，价签完整，按照统一标准摆放 服装吊牌隐藏且按系列、色系陈列 服装按大小尺码顺序排列，数量统一 服装侧挂统一按平衡原则陈列（男女衣架要统一） 是否区别摆放活动与非活动的货品 叠装美观，整齐无尘（系列正确） 空间使用率合理
	配件	包括填充饱满，收紧并隐藏包袋及吊牌，价签完整 帽子、袜子等商标朝外摆放（填充完好）
	鞋类	样品鞋擦拭干净，按系列码放，排列整齐，价签完整 鞋系列标签是否与产品保持一致（一双鞋陈列是否标准） 样品鞋鞋身填充饱满，填充物勿外露 样品鞋鞋带系好和吊牌一起隐藏于鞋内
日常维护	卫生	试衣镜、试鞋凳干净整洁 仓库及卖场地面、收银台、电脑干净，试衣间、试衣镜前无杂物堆放 货架干净无尘土，衣架、裤夹干净无尘土 橱窗、陈列货品、电视机、VCD 机干净无尘土
	综合	引导台陈列丰满，活动主题正确，模特干净、无损坏 VCD 播放公司规定的内容 店内外电器正常工作，POP 和货物对应

二、售中服务

售中服务又称销售服务，是指买卖过程中，直接或者间接地为销售活动提供的各种服务。现代商业销售服务观点的重要内容之一，就是摒弃了过去那种将销售视为简单的买卖行为的思想，而把销售过程看作是既满足顾客购买商品欲望的服务行为，同时又是不断满足消费者心理需要的服务行为。优秀的销售服务为顾客提供了享受感，从而增强了顾客的购买欲望。融洽而自然的销售服务还可有效地消除顾客与营业员之间的隔阂，在买卖者之间形成一种相互信任的气氛。商业心理学家们通常认为这是最有利的成交时机。

销售服务在更广阔的范围内被商店经理们视为商业竞争的有效手段。日本一家商店的经理曾经说过，“如果一个雇员在销售过程中没有能够体现出优秀的服务业绩，那么他带给商店的损失就不仅是一笔未能做成的买卖，而是损害了商店的信誉，这样做，企业丧失的利润可能微不足道，但是这样做的后果将使企业丧失竞争能力，这是令人不能容忍的。”

此外，行为科学也开始将销售服务活动作为自己的研究对象，它更多的是从如何提高销售服务的效益这个角度出发的。这在另一个方面给零售企业的经营者们以新的和有益的启发，说明销售服务是一个有很大潜力可以挖掘的管理课题。

了解顾客对于售中服务至关重要。顾客是零售企业商品销售过程中的核心要素。除非顾客对于他们在商店中受到接待、买到的商品和得到的服务完全满意，否则销售活动就不能算成功。在这方面，消费心理学为零售经营者提供了许多值得借鉴的基本理论常识。

导购决定着顾客对于整个服务的一种感知。开始时以怎样的态度接待顾客，将决定整个服务的成败。所以对于导购人员来说，在欢迎顾客时，应当时常发自内心地展现微笑，以一种欢迎的态度对待顾客。

(一) 招呼顾客的方式

① 恰到好处地运用微笑和肢体语言向每一个跨进店铺的顾客打招呼。招呼顾客时应声音响亮、吐字清晰、热情诚恳。当目光接触到进入店铺的顾客后，马上放下手中的事，面带微笑的鞠躬说："欢迎光临×××"。

② 当顾客进入店铺内选购商品时，为避免造成顾客购物压力，建议说一声："欢迎光临，如果需要请随时叫我。"

③ 当看到顾客需要帮助时，应及时向前打招呼，但不要在顾客不注意时突然上前打招呼，避免打断顾客思路或吓到顾客。

④ 当视线接触到顾客时，应以柔和的目光直视对方，面带微笑，点头致意。招呼声音轻柔、甜美，切忌唐突、高声。

⑤ 当看到熟客时，应笑脸相迎，并向前亲切的打招呼，例如，询问上次购买商品的使用情况，当然如果能叫出顾客的名字是再好不过了。

⑥ 当导购正在忙而此时又有其他顾客需要招呼时，应暂且放下手中的事请，将视线转向后来的顾客，点头致歉，请他稍等。如果不能马上招呼顾客，应及时让其他导购来接待。

⑦ 当店内没顾客时，要时刻留意顾客的到来，可以整理货品，但不要离开售货本区，绝不可站在门口，强行拉顾客进入。

招呼用语：

① "欢迎光临×××。"顾客进入店铺，打声招呼，加深顾客印象，寻找交易契机。

② "欢迎参观，如果有需要请告知我。"应给予顾客充分的选择空间，在顾客进入店铺后，亲切问候，把自然、轻松的感觉带给顾客。

③ "您好，请随便看看！"当销售人员正忙着为第一位顾客服务时，第二位顾客进店，轻轻说一声，说明你注意到他了，而不是让顾客因无人招呼而离开。

④ "您好，有什么可以帮忙的吗？"当顾客有需要寻找销售人员时，销售人员应立即走向前去，点头致意，上前打招呼。

⑤ "对不起，让您久等了。"面对就等的顾客，销售人员上前接待时，应恳切的事先到一声，以示抱歉。

⑥ "您好，这是新到的款式。"及时向顾客介绍新产品。

⑦ "您好，我们这里有特价商品，非常优惠，今天是促销的最后一天！"将公司的促销活动及时通报给顾客。

(二) 试衣间服务

试衣间服务的步骤：

1. 试衣前

在顾客试衣前，导购人员可目测或询问顾客适合的尺码，如果不能确定顾客的尺寸，可以用皮尺测量，了解顾客试穿的尺码，并拿准相应商品，以减少试换衣次数。

导购人员在日常工作或生活中应经常练习目测人的穿衣尺码。如见到一个人时，可猜此人上衣是什么尺码，裤子是什么尺码，在可能的情况下进行复核，以判断目测的准确性。最终做到给顾客拿衣时达到“一拿准”的水平。

2. 试衣时

带领顾客到试衣间，边走边将衣服的钮扣或拉链拉开；走到试衣间时先敲门，然后确定试衣间内干净、整洁；再把衣服穿法告诉顾客，取出衣架，提醒顾客锁门。

这时如果试衣间内有人，应礼貌的请外面的顾客稍等片刻，或建议其再看看其他商品。

试衣时，销售人员要在试衣间附近，替顾客搭配或建议试穿，同时兼顾附近的顾客。如果顾客在试衣间的时间过长，可以敲门提醒。如果衣服不合适，销售人员要在试衣间门外为顾客调换衣服。

3. 试衣后

当顾客从试衣间出来后，销售人员应主动上前协助顾客整理衣服，如翻领子、卷裤脚，并让顾客到试衣镜前看效果，同时询问顾客对服装的感觉。

导购人员在帮助顾客的同时，要尽量把商品的特点、优点全方位地展示给顾客，以便给顾客不同的选择，并不断地完善服装的搭配。

在与顾客交流中，应考虑是否伤及顾客的自尊，也不要总是一味的夸赞服装，无视顾客的反应而应当从顾客穿着感觉出发，指出商品的适合之处。如“小姐，这件衣服的颜色和您的肤色很相称”，“您的眼光很不错，它很适合您”等。

对要求特殊洗涤方法的衣服应及时主动告诉顾客。如胸前有印花或有亮片的 T 恤，洗涤时要翻转过来，里面朝外；纯羊绒衬衣要干洗等。

(三) 收银台服务

收银台给顾客留下很好印象很重要，这一过程包括：微笑、打招呼、做附加推销、唱票、准确输入等。

通过导购人员与收银员的协调工作，增加顾客的愉快购物体验，是服务的精髓所在。

收银台确认内容：

① 收银台收款确认（单价、数量和总价、折扣数）；

② 应收顾客现金、信用卡付款数额确认；

③ 顾客付款金额确认，收银员要“唱收唱付”；

④ 找零、信用卡、票据的确认。

收银时注意事项：

① 服务热情、亲切。当顾客来到收银台前，应向顾客问好、致谢，如“您好”、“谢谢光

临”；当交款顾客较多时，对等侯的顾客应表示抱歉，如“对不起，请您稍侯”、“让您久等了”。

② 收银操作要迅速、准确，并用双手接受、递交票、款；反复确认款项数目，收款、找零时，清楚告知顾客金额数，让顾客心中有数，并嘱咐顾客将款物收好。

③ 当由于操作失误或出现机械故障时，应立即向顾客道歉，并说明情况，及时解决，不可慌张、推卸责任，若不能马上恢复正常工作，应及时报告店长或采取应急措施，如该用手开发票等其他方式收银等。

从顾客决定购买到送客的过程中，确认价格，确认贺卡，确认贺卡上的贺词与称谓，填写贺卡时，确认姓名，包装，交与发票和找回钱数，再交与商品等顺序极为重要。顺序、用语的重点如表 4－1－2 所示：

表 4－1－2 收银台服务顺序、用语一览表

顺序	用语	动作及注意点
1. 感谢顾客决定购买	谢谢！感谢您对我们的支持	边说“谢谢”边鞠躬，确认商品有无污损
2. 确认价格	一共是×××元	以明朗的笑脸指示价格牌
3. 收取金额	谢谢，收您×××元，是作为礼品吗	收取现金时，必须出声复述一次，确认是否作为礼品
4. 确认包装纸	(礼品用时)需要包装纸吗？	作为礼品时，确认是否需要包装纸、装饰彩带
5. 确认贺卡的书写和姓名	写贺卡，姓名是×××先生？	不容易了解的地方要加以记录
6. 附上贺卡	对不起，请稍等	必须再次复述，贺词、姓名、必须慎重、整齐、干净的书写
7. 让顾客看贺纸上的姓名	是这样吗？请您过目	呈现给顾客
8. 包装		参照赠品的包装方法
9. 交予回找钱数和发票	让您久等了，收您×××元，找您×××元，请确认	先鞠躬，为其等待道歉，交予回找钱数和发票，等待顾客整理完毕 作为礼品时，要摘除价格牌，并于交予时说“价格牌已经取下了”
10. 交予商品	谢谢您的光临，路上请小心	郑重得交予商品 送客

总之，如果说售前服务使潜在顾客产生购买意向，初步做出购买决定，那么售中服务就是使这种意向和决定转变为购买行为，实现交易。由于售中服务对象明确，因此提高服务的针对性尤其重要。

三、售后服务(图 4-1-2)

售后服务是商店为已购商品的顾客提供的服务。传统的看法是把成交或推荐购买其他商品的阶段作为销售活动的终结,然而在新产品剧增、商品性能日益复杂、商业竞争日渐激烈的今天,商品到达顾客手中,进入消费者领域后,商店还必须继续提供一定的服务,这就是售后服务。售后服务可以有效地与顾客沟通感情,获得顾客的宝贵意见,以顾客亲身感受的事实来扩大影响,它最能体现商店对顾客利益的关切之心,从而树立商家富有"人情味"的良好形象。

有人认为,售后服务就是把"商品出门,概不退换"改为"包退包换",提供免费运送、安装和维修。事实上,售后服务作为一种服务方式,内容极为广泛。如果说售中服务是为了让顾客买得称心,那么售后服务就是为了让顾客用得放心。如针织品牌"群工"是同行业中著名的三免企业:工商免检企业,国家免检产品暨上海名牌产品,率先承诺终身免费售后服务。只要你是"群工"的顾客,那你所买的产品可以享受终身免费洗涤。

售后服务大体上有两个方面:一是帮助顾客解决像搬运大件商品之类常常使顾客感到为难的问题,商店可以代为办理,为顾客提供了方便;二是通过保修,提供知识性指导等服务,使顾客树立安全感、信任感。这样就可以巩固已经争取到的顾客,促使他们连续购买,同时还可以通过这些顾客进行间接的宣传,影响、争取到更多的新顾客。

(一) 售后服务管理体制的建立

① 公司设立专门的售后服务机构和岗位,各地专卖店作为总公司在当地的售后服务中心,履行为消费者提供售后服务的职责。

② 公司售后服务机构负责消费者反馈信息的收集、投诉的受理,退货、换货、货品的维修等工作。

③ 公司将定期举办各种类型的货品售后服务。

④ 对于外地专卖店,以店长为工作中心,执行售后服务. 对不能处理的货品,应及时寄回总公司,联系售后服务机构最快做出处理。

⑤ 公司设立全国售后服务信箱。

(二) 服务承诺

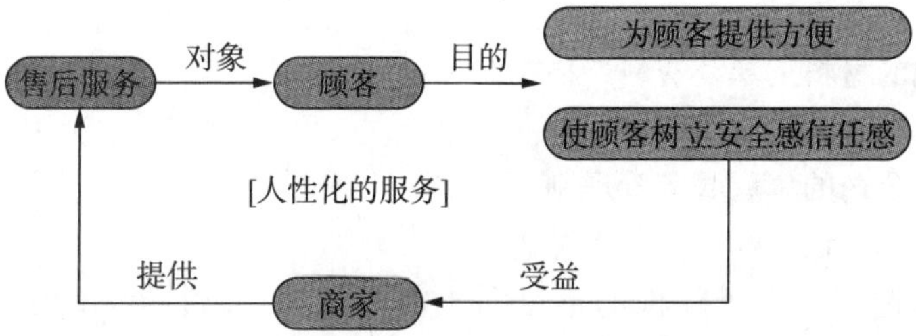

图 4-1-2 售后服务

① 售后跟踪：公司对售出的服饰，做长期售后跟踪服务，用周到热情的服务保证每一位消费者能用上满意的产品。

② 专业量身定做：例如西服制作，应派遣专业人员，免费上门量身，根据客户要求，做好详细的记录，力争让顾客称心、满意。

③ 包修：如售出的纺织品服饰保修3个月，皮服6个月，商品自售出15日后，非穿着不当出现的质量问题，免费包修，如无法修复或修复不能保持原样，实行收费退换；收费标准：30日内收折旧费5%，30～60天收10%，61～90天收20%。

④ 干洗、皮衣护理：凡售价在10 000元/件以上的西服均可在购买当年免费干洗一次、所有皮衣均可免费护理一次。

（三）客户意见和投诉

① 公司通过公示的服务(热线)电话、信箱或其他方式，接受客户和消费者的服务咨询、使用意见反馈、投诉等事务。

② 客服专员接受专业培训后，方可上岗；接待过程不得怠慢任何客户。

③ 对每一次来电、来信、来访，客服专员均应详细记录在案，填写有关登记表，按规程和分工转送有关单位和人员处理.紧急事件应及时上报。

④ 受理的意见和投诉中涉及货品质量、使用功能的，送质检部门交由生产厂家处理。

⑤ 受理的意见和投诉中涉及货品包装破损变质的送仓储配送部门处理。

⑥ 受理的意见和投诉中涉及店面营销、售后服务人员态度差、不尽职责的，送销售部处理。

⑦ 公司对每次来电、来信、来访须给予迅速、满意回复，对有价值的意见和建议要综合整理，提供给相关部门。

⑧ 加强对客户的服务，培养售后服务人员“顾客第一”的观念，经常开展各种形式的客户意见调查活动，调查结果作为售后服务和生产厂家改进工作的重要依据，不断改进服务措施，提高服务质量。

（四）售后服务人员的服务准则、权限及应急方案

1. 服务准则

① 一流的服务态度，超值的服务质量，宣传公司文化，树立公司形象。

② 服务及时、快捷，最短的叫修等待时间，最少的修理耗时。

2. 维护人员权限

① 对维修用的材料工具及资料严格控制和保管。

② 及时向相关部门如实反映各种情况。

③ 严格执行公司的售后服务管理制度。

3. 应急方案

① 如在维修过程中由于配件的不足而不能处理，可通过口头请示或其他办法灵活处理。

② 遇紧急叫修通知，维修技术人员都不在公司时，售后服务主管可经主管经理同意，派

兼职售后服务人员协助。

归结到一点，售后服务即商品销售后为顾客所提供的服务，除了一般性的所谓送货上门服务以及退换货物和修理服务外，最主要的就是获悉顾客对商品使用后的感受和意见。为了吸引顾客再次光临购物，商家对于这一反应必须有深入的了解，以求提供给顾客更进一步的服务。

综上所述，我们知道为顾客服务是没有止境的。提供全面而优质的服务，零售企业促销留客的天地就将更加广阔。只要商家和品牌企业有一颗完全为顾客着想的心，就能连连上演为顾客精心服务的好戏。

第二节 针织服装的服务分析

由于针织服装的特征以及人们穿着针织服装的习惯，企业所属的专卖店或商场柜台要根据针织服装的种类提供不同的服务。这些服务一般是针对一些选衣误区、穿着错误、服装保养方面提供的服务。

一、内衣类

这类服装最重要的是服装的穿着舒适性要求，同时也存在保型功能性需求。所以，策划者在整个设计和销售的过程中要将面料的一些特征，包括各种特殊造型的功能性效果，正确的型号选择等问题进行清楚的说明。

具体的方法有：

① 在产品的包装中加入具有较为详细的面辅料说明单页，对于女士内衣要进行规格尺寸的引导。

② 在销售过程中，要充分培训促销员的产品知识，使之可以在导购的过程中进行准确合理的指导活动。

③ 在专卖店中增设商品整理调换服务空间，可以通过这个服务区进行产品的维护、整理等细节，充分体现品牌服装的服务之路。

二、毛衫类

这类服装对与消费者来说，最需要搞清楚的就是原材料的种类、染色牢度、洗涤整理等方面的知识。

① 在产品的包装中要加入对于防虫、防蛀、洗涤等方面的说明书，同时要对尺寸与身高的选择进行介绍，以免消费者出现搭配不当的情况。

② 在销售过程中，要通过陈列和促销员的讲解以及一些系列设计的款式分类，教授消费者新颖的毛衫搭配方法，不但提供优质的产品，而且提供新颖的服装搭配，充分服务消费者。

③ 同样，由于毛衫的洗涤、整理是比较困难的事情，为此可以搭配出售一些特殊的洗衣袋辅助工具，对于在洗涤时候如何保持服装原有形态给予指导。

三、运动类

以往这类服装多是为了运动舒适宽松，许多消费者还未充分考虑这类服装的搭配等穿着问题。所以我们要将品牌服务做得更加到位。

① 产品的包装设计中加入一些搭配图片，进行有意识地搭配指导，注意一些穿着风格与品牌风格的引导；同时，对于运动性服装的舒适性给予足够的证明，指出材料的成分构成。

② 在销售的过程中，通过不同的陈列、讲解使得消费者了解到产品可以搭配出来的风格，产品的穿着状态等，充分考虑产品在使用过程中给予消费者的满足感。

③ 对于一些内穿的运动类针织服装，我们要进行一些洗涤剂的选择指导。告诉消费者怎样洗涤才可以穿着舒适健康。

四、时装类

购买这类服装的消费者通常都很有自己的搭配风格，所以我们就没有必要讲解一些基础性的知识。

① 可以提供出与针织时装搭配的不同配饰，不一定要很全，但是要尽量符合不同的风格。为消费者解决购物时间上的问题，体现关怀。

② 通过陈列和促销员的讲解，充分传递出该时装的流行重点，进行典型搭配的展示，进行典型着装状态的展示。

③ 时装类的服装通常在穿着过程中会产生一些保养方面的问题，对于保型、保色等方面的知识还是需要进行叮嘱类的指导。

五、休闲T恤类

这类服装突出的就是放松的心态，消费者在购买的时候往往遇到的问题是产品的选择太多而不知所措。

在对于这样的产品，我们需要给予：

① 色彩类的指导，通过展示和讲解传递给消费者合理的颜色搭配，同时根据不同肤色的人进行几套的陈列展示，以可以将一些产品进行不同风格的陈列，进行色彩、着装状态的指导。

② 这类服装上一般会有图案的设计，同样存在图案的印制方法不同，就会存在如何洗涤保型的问题。不是所有的消费者对于这些问题都有生活经验，要在销售的过程中给予足够的指导。

第三节　促销员的综合管理

如果顾客在一个陈列非常有风格的店铺里没有得到满意的服务,那么他就会感觉这家店铺缺少亲和力,同样会减少对这个品牌服装的认可程度。

服装销售终端的服务大多是由促销员直接或间接完成的,所以促销员的综合管理是十分重要的。传统意义上促销员的日常工作包括导购、产品说明、准确结款、卖场环境维护等,而如今企业希望促销员能够汇总终端销售信息、组织管理店面内的人员、具有良好的销售技巧等。由此可见,优秀的促销员管理也是企业品牌发展中的一个重要环节。(图 4 -3 -1)

一个优秀的针织服装品牌,它的文化与活力除了在优秀的服装产品中得到实现以外,更体现在与消费者直接接触的促销人员的综合素质上,因此我们需要对促销员进行综合的管理。

一、促销员职责分化

(一) 促销员日常工作的管理

促销员日常的工作主要分四个方面:

陈列维护:促销员必须掌握基本的陈列基本原理,知道如何使陈列更为有效,可以随时针对光线等不同因素对陈列进行调整和维护。

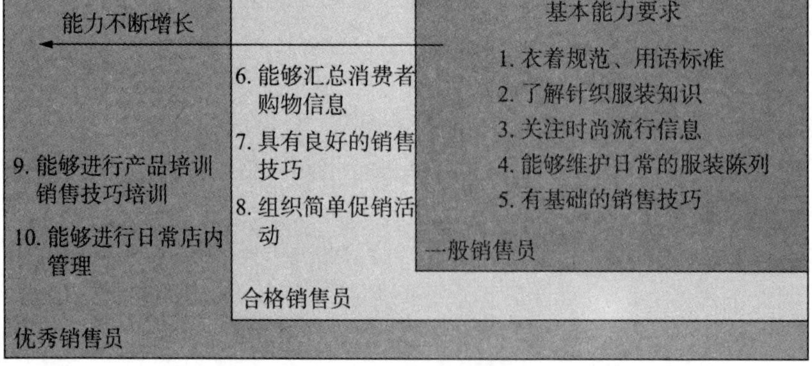

图 4 - 3 - 1　促销员基本能力要求

店内环境的维护：包括基本卫生的维护，销售环境的营造，人员流动的控制。卫生环境的基本要求：整个店面清洁整齐，空气清新，通道没有通行障碍；营销环境的营造，就是要保持店内的销售意境，通过音乐、海报、灯光等唤起消费者购买欲望，懂得营造店面内火热的销售环境；人员流动控制能力要求促销员有意识地进行陪购，可以将消费者有意地分开，以避免人员集中，无法选购的眩目情况出现。

服装专业知识的培训：要定期对促销员进行服装面料、服装整理、服装搭配等方面知识的培训。同时，在每一个系列产品上市前都要进行针对性的产品讲解，要求促销员对产品的风格、目标消费群体、材料、搭配等进行综合认知。

促销技巧的培训：好的促销员是可以体察消费者的消费心理的，增强促销技巧可以明显增加成交几率，可以更好地进行引导型销售，同时也可以避免日常工作中的一些与消费者之间的摩擦。

(二) 促销员复合型发展(图 4－3－2)

企业要进行科学的管理就必须减少重复性岗位的设立，所以促销员不在于多而在于精，内部培养，复合型发展的促销员是企业管理员工的关注重点。每个店面中都必须配备有自我管理能力的促销员，可以对店内的管理起到监管作用。这样的优秀促销员应该额外具有以下的能力：

① 服装进销存的单店管理能力：服装在销售过程中的调配是十分重要的，所以每个卖场服装的进销存都要处于合理状态，货品要及时清点和整理。

② 每日流水的整理：终端利润的回收就在于每一单店的日常盈利，所以及时、准确地进行营业额的整理就是很重要的事情。通过这样的数据，一方面可以找出一些市场问题，另一方面也可以针对出现的终端问题及时调整。

③ 店员的工作管理：每一个专卖店的管理都是琐碎的事情，包括出勤、工作状态、促销业绩等一些细节都是促销员工资的核算构成，所以我们必须做到公正合理，这就需要我们要

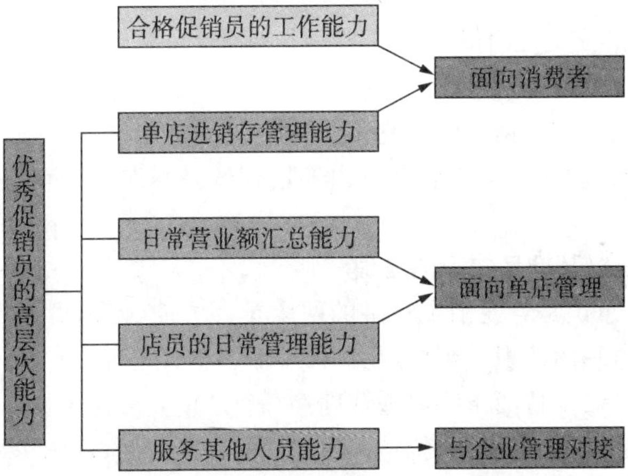

图 4－3－2　店长型高层次工作能力需求

安排合理的人进行这方面的管理工作。

④ 与产品、市场人员的配合能力：每个品牌都会有自己的组织结构，但是一般来说，都会有自己的市场人员和销售人员。这两个团队是从不同角度服务着终端市场，所以在终端上就需要店面里有合适的人员和这些工作人员进行有效的沟通。

二、促销员的激励机制

（一）促销员薪酬构成的制定原则

从根本上说，在一个标准化运作的针织服装品牌企业中，促销员的地位可能是公司的最低职务，他们一般来说所需求的不是什么岗位上的发展，他们需要的是个人能力的锻炼和薪水。所以策划者很有必要制定出具有激励机制的薪酬结构。

一般来说，促销员的薪酬是：基本工资（天）＋绩效考核（规定与完成）＋特殊绩效

基本工资：考虑到促销员的流动性，其基本工资为一天计算；

绩效考核：每个促销员负责的产品是不同的，根据所负责产品的特点进行任务量的制定，按照完成情况进行促销成绩的品评。其中可以细化到每一款服装的销量，把所有的产品都盘活，减少服装库存，不能什么好卖就卖什么。

特殊绩效：销售情况是变化的，每一个促销员都会有主动性，如果在工作中有些促销员工作非常出色，可以不给他们的最高薪水设置封顶，将激励机制进行到底。根据所在区域的购买潜力不同，设定不同的门槛，让促销员自己进行超越，进行自我管理。

（二）促销员的竞争上岗机制

不是所有的促销员都适合进行针织服装的促销，促销员需要具备一定的针织服装基础知识和审美能力。同样，对于企业来说，我们也需要不断的换血，始终使整个促销员队伍处于一个激活状态，这就要求企业设立竞争上岗制度。

三、促销员的企业文化宣讲

企业文化通过品牌形象得到外化，它是需要企业从上到下都必须深刻领会和实施的一项工程。企业文化的宣讲就成了我们企业内部培训的必修课，进而也成为培训促销员的重点内容之一。

（一）企业文化的宣讲以及产品知识的培训

服务意识和产品意识是对促销员宣讲的两个重要方面，促销员如果没有对产品的正确认识，如果对企业服务理念认识不到位，在日常工作中就会出现多种状况，影响品牌形象。

所以，对于促销员要坚持两条路渗透管理：一个是企业文化长抓不懈，时刻在每个工作环节都灌输企业的服务理念；另一个就是产品知识的不断翻新，促销员要对基本的针织服装材料、款式、舒适性、搭配等进行了解，在每一季的新品推出时都要进行卖点的培训以及针对性的促销技巧的培训。

(二) 鼓励员工进行创新性销售和管理自治

优秀的企业必然具备优秀的员工,优秀的员工大多是自发成长起来的,所以在一个优秀的品牌针织服装企业中,企业者必须鼓励员工进行创新性销售,让销售第一线的人们自己管理自己才更有针对性。如此形成的管理自治状况应该是一种企业管理的最佳状态。

第四节 树立内部服务与外部服务的意识

一、内部服务企划与外部服务企划

任何一个品牌化的服务都充分体现了人文关怀。所以商家不要仅仅满足于交易环节的服务，企业同样需要建立其“产品终生服务”的理念。狭义上讲，企业的服务企划包括对消费者和零售终端的企划；而从广义上讲，企业的服务企划分为企业内部服务与企业外部服务。其中对于最关键的零售店面服务有分为店内服务与店外服务。（图 4－4－1）

通常情况下，企业内部与企业外部的服务是相互影响的：内部服务是基础，而外部服务是关键；只有内部服务效果显著，整个企业的工作效率以及员工的工作热情都会得到提升继而可以影响到对外销售环节健康发展。而外部服务到位、合理，企业的品牌形象才会深深扎根在消费者的心目中。

二、店内服务与店外服务企划

另外，在终端零售店面服务环节中，店内服务与店内服务的分化就成为服务企划的关键之处。所谓的“店内服务”包括：宣传、陈列、导购、维护等环节；“店外服务”包括：一些列相

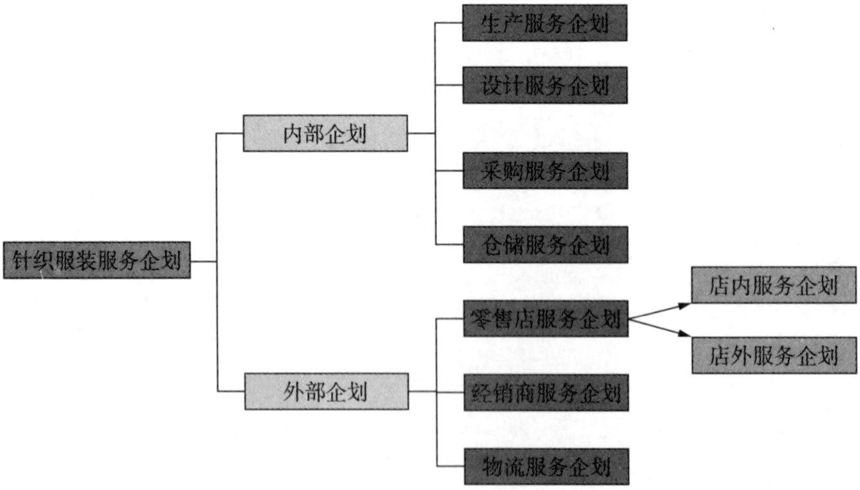

图 4－4－1 企业内部与企业外部企划示意图

关信息的调查、会员服务、快递服务、网络销售服务等环节。

下面我们就分别讲述这些环节的服务企划要点：

(一) 店内服务

① 店内宣传服务企划：这类企划主要包括日常的价签、POP、海报、促销活动宣传等；

② 店内陈列服务企划：将陈列道具摆放的更加符合消费者的购物习惯，调节好灯光以及播放音乐，进行熏香等；

③ 店内导购服务企划：针对不同产品知识的消费者提供合理的针织服装讲解，帮助消费者试衣、选衣，帮助消费者看管随身物品等；

④ 店内维护服务企划：在店内进行产品整烫、修补等针对针织服装的维护服务。

(二) 店外服务

① 消费意愿调查：可以根据调查，生产相应的产品以满足消费者的具体产品需求；

② 会员服务：包括会员产品服务和会员维护服务，定期询问会员意见，回赠礼品，上门送货等；

③ 快递服务：根据消费者通过电视购物以及网络购物的渠道，给一定范围内的消费者提供快递服务，以方便消费者购买产品；

④ 网络销售：不止是提供网络购物，而且可以提供各种产品展示，产品活动，进行品牌文化的渗透等。

完美的服装品牌应该充分重视服务，而不应该只重视服务的某一阶段或某一方面，把售前、售中、售后服务看做一个有机整体，努力建立一个完善的服务系统。这样，不仅可以节约成本，加速销售过程的完成，而且可以使消费者满意，获得消费者对公司的信赖，取得更大的销售量，提高市场占有率，增强企业的竞争力，使企业在激烈的市场中取得有利的地位，将品牌打造得更加响亮。

总之，目前我国服装产业已进入了品牌经营阶段，服装市场的竞争已经从单纯的规模扩张进入更高形态的品牌化、国际化以及连锁专卖经营模式的全方位竞争阶段。品牌的竞争包括产品、宣传、卖场以及服务各方面的竞争。只有做好各方面的工作，才能在针织服装品牌战中脱颖而出。

结　语

品牌是一种识别性标记，也是骄傲的象征，是创造者或经营者烙印在产品或物件上的印记，但它更是烙印在消费者的心智上。只有消费者认识它和记得它，能够引导和指导购物，这个品牌才真正成为了一个经济意义上的品牌。所以，从这个意义上讲，品牌就是“烙印”，强势品牌就是在消费者脑子里打上深深“烙印”的品牌。

服装正日渐脱离实体产品的属性而成为文化衍生品，消费者早已不再简单满足于产品的质量和款式，更多的需求表现在对品牌所传递出的文化信息是否欣赏，对品牌文化是否认同，而这将是决定消费者品牌态度的关键之所在。

同时，面对日益竞争激烈的市场环境，决定竞争成败的关键因素早已不再是技术和设备等硬件因素，规划和创建有渗透力的品牌文化才是决定竞争结果的核心。对于服装品牌来说，国家文化上的弱势，造成了本土品牌在国外品牌面前低头的局面，于是也促使众多本土企业纷纷采取各种手段洋化产品名称，通过海外注册谋求洋化背景，以期让消费者达成“洋品牌”的认知。

要想树立强势的本土文化，决非一朝一夕可以实现。但中华文化并非不堪一击，更非文化缺乏，一个重要的原因是在服装领域的挖掘与开发不到位，或者只是简单继承而缺乏创新，再或是传播与推广的不当。面对新生代的主力消费者，如何挖掘出与时代特征相联系，有生命力和影响力的“中国特色”文化，并在老传统上做出新花样，将是本土品牌文化的核心与根基所在。

对于本土的服装品牌来说，需要衡量品牌的文化定位与地域文化是否关联，所选择的品牌根据地能否提供时尚、流行、魅力、国际化等品牌发展所各自需要的元素，比如，海派文化，就能与流行、时尚、国际化等品牌形象很好匹配；而京都文化对庄严、神圣、大气的品牌形象能提供比较好的支持。

因此，在创建品牌文化过程中，一方面，在品类选择上尽量要避重就轻，避开一些本土文化不很容易对接的品类；另一方面，是在传播和推广过程中要注意对品类文化进行创新和改良，引导消费者对品类文化的认知，让品类文化更好适合本土品牌文化的对接。

在结合以上文化元素的基础上，创建对目标消费群有渗透力的品牌文化，才能真正赋予品牌以文化的内涵，使品牌文化不再只停留于抽象、空洞和广泛的综合范畴，而是成为品牌发展的坚实基础。

最后还要特别感谢：北京、上海、江苏、广东等地针织服装品牌企业，相关院校提供资料，并组织力量参加审稿，提出修改意见，对此表示衷心感谢。特别感谢贝纳通、米素尼、爱慕、七匹狼、欧迪芬、鄂尔多斯等品牌，感谢楮梵、刘进、刘菲、宋倩、胡蝶、张春明、吴菡、祝士清、唐颖、胡莹、王楠楠、刘娟、张英姿、胥筝筝、姚迪、郑翠红等为本书的编写提供了素材、资料和建设性的意见，在此一并表示感谢。

由于服装业发展变化快，针织服装设计在国内外系统地予以介绍的著作还不多见，也由于编者水平所限，书中疏漏和不尽如人意之处在所难免，希望专家、同行和读者批评指正。

参 考 书 目

[1] (美)K. 道格拉斯，霍夫曼约翰 E. G. 彼得森. 服务营销精要[M]. 大连：东北财经大学出版社，2004
[2] 沈雷. 针织服装设计与工艺[M]. 北京：中国纺织出版社，2005
[3] 沈雷. 针织毛衫设计[M]. 北京：中国纺织出版社，2001
[4] 赖涛. 服装设计基础[M]. 北京：高等教育出版社，2001
[5] 沈雷. 针织时装设计[M]. 北京：中国纺织出版社，2001
[6] 刘纪辉. 色彩与形象—女性色彩季节型与风格指导[M]. 北京：中国城市出版社，2005
[7] 刘晓钢，徐玥. 时装设计艺术[M]. 上海：东华大学出版社，2005
[8] 秦俊伦、佘兆祖. 创造经营—中国企业诊断[M]. 企业管理出版社，1999
[9] 刘风军. 品牌运营论[M]. 北京：经济科学出版社，2000
[10] 殷戬弘，文武. 整合理念[M]. 北京：经济管理出版社，1999
[11] 曾仕强. 中国式的管理行为[M]. 北京：中国社会科学出版社，2003
[12] (英)休・詹金・琼斯. 时装设计教程[M]. 北京：水利水电出版社，2006
[13] 史林. 服装设计基础与创意[M]. 北京：中国纺织出版社，2006
[14] 王受之. 世界服装史[M]. 北京：北京中国青年出版社，2002
[15] (日)柳泽元子，李当歧译. 从灵感到贸易[M]. 北京：中国纺织出版社，2000
[16] 李韦(法)，周水涛. 迈耶・视觉美学[M]. 上海：上海人民美术出版社，1990
[17] 乔远生. 顶级品牌的视觉谎言[M]. 广州：广东经济出版社，2004
[18] (日)(株)博报堂品牌咨询公司. 陈刚，靳淑敏译. 品牌营销学[M]. 北京：科学出版社，2006
[19] 赵平. 服饰品牌商品企划[M]. 北京：中国纺织出版社， 2005
[20] 李俊. 服装商品企划学[M]. 北京：中国纺织出版社，2005
[21] 韩阳. 卖场陈列设计[M]. 北京：中国纺织出版社，2005
[22] 沈雷. 针织服装品牌手册[M]. 上海：东华大学出版社，2009
[23] 沈雷. 针织毛衫设计创意与技巧[M]. 北京：中国纺织出版社，2001
[24] 杨大筠. 强势销售——提升业绩的门店服务[M]. 北京：中国纺织出版社，2006
[25] 毛世英. 企业服务哲学[M]. 北京：清华大学出版社，2004
[26] EMBA 课程编委会. 优质服务策略[M]. 北京：北京工业大学出版社，2003